A FILOSOFIA CONTEMPORÂNEA DO DIREITO

A FILOSOFIA CONTEMPORÂNEA DO DIREITO

Temas e desafios

Carla Faralli

Tradução
CANDICE PREMAOR GULLO

Revisão da tradução
SILVANA COBUCCI LEITE

Esta obra foi publicada originalmente em italiano com o título
LA FILOSOFIA DEL DIRITTO CONTEMPORANEA
por Laterza, Roma.
Copyright © 1997, Gius. Laterza & Figli S.p.a., Roma-Bari.
Edição brasileira publicada por contrato com
Eulama Literary Agency, Roma.
Copyright © 2006, Livraria Martins Fontes Editora Ltda.,
São Paulo, para a presente edição.

1ª edição 2006
2ª edição 2022

Tradução
CANDICE PREMAOR GULLO

Revisão de tradução
Silvana Cobucci Leite
Acompanhamento editorial
Luzia Aparecida dos Santos
Revisões
Marisa Rosa Teixeira
Alessandra Miranda de Sá
Dinarte Zorzanelli da Silva
Produção gráfica
Geraldo Alves
Paginação
Studio 3 Desenvolvimento Editorial
Capa
Katia Harumi Terasaka Aniya

Dados Internacionais de Catalogação na Publicação (CIP)
(Câmara Brasileira do Livro, SP, Brasil)

Faralli, Carla
A filosofia contemporânea do direito : temas e desafios / Carla Faralli ; tradução Candice Premaor Gullo ; revisão da tradução Silvana Cobucci Leite. – 2.ed.– São Paulo : WMF Martins Fontes, 2022. – (Biblioteca jurídica WMF)

Título original: La filosofia del diritto contemporanea.
Bibliografia.
ISBN 978-85-469-0398-6

1. Direito – Filosofia I. Título. II. Série.

22-117860   CDU-340.12

Índices para catálogo sistemático:
1. Direito : Filosofia   340.12

Cibele Maria Dias - Bibliotecária - CRB-8/9427

Todos os direitos desta edição reservados à
Editora WMF Martins Fontes Ltda.
Rua Prof. Laerte Ramos de Carvalho, 133 01325-030 São Paulo SP Brasil
Tel. (11) 3293-8150 e-mail: info@wmfmartinsfontes.com.br
http://www.wmfmartinsfontes.com.br

ÍNDICE

Prólogo à edição brasileira IX
Introdução. A crise do positivismo jurídico.................... 1

  I. A abertura da filosofia do direito aos valores ético-políticos.. 11
 II. A abertura da filosofia do direito aos fatos 27
III. Os estudos sobre o raciocínio jurídico 43
IV. Os estudos de lógica jurídica 57
 V. Novas fronteiras para a filosofia do direito......... 67

Notas... 85
Bibliografia... 109
Índice onomástico 137

*em memória de meu
mestre Guido Fassò*

PRÓLOGO A EDIÇÃO BRASILEIRA[1]

Nas últimas décadas, a multiplicação das publicações, em todos os campos do saber, acompanhou a fragmentação das correntes tradicionais de pensamento. Outro multiplicador do saber foi sua internacionalização, que hoje obriga todo estudioso a examinar também textos em idiomas estrangeiros. Disso resulta uma série de escolas, correntes, tendências e muitas vezes de modismos que se entrecruzam e complicam tanto o acesso ao saber quanto a classificação dos fragmentos que, com freqüência crescente, chovem sobre a escrivaninha de quem estuda. A filosofia do direito não fugiu a esse destino comum.

A síntese histórica de Carla Faralli, eminente estudiosa de filosofia do direito da Universidade de Bolonha, oferece aos cultores do direito, da filosofia, das ciências sociais e humanas um mapa para se orientar entre as escolas do pensamento jurídico-filosófico dos últimos cinqüenta anos. Seu livro retoma e completa a vasta obra do filósofo do direito que, sempre em Bolonha, foi o mes-

---

1. Tradução de Marcela Varejão, professora adjunta da Universidade Federal da Paraíba e da Universidade Federal de Pernambuco; doutora em Sociologia do Direito pela Università degli Studi di Milano, Itália.

tre de Carla Faralli: Guido Fassò. O terceiro volume de Fassò se interrompe, porém, por volta da metade do século XX. Carla Faralli, por sua vez, parte dos anos 1960, quando um forte choque social teve o efeito de imprimir – por consonância ou por dissonância – um novo curso à segunda parte do século. Também na filosofia do direito registraram-se correntes nascidas dos novos fermentos, ou seja, correções, especificações ou crises das escolas de pensamento anteriores.

Para organizar esse conjunto heterogêneo de novos fermentos e de teorias clássicas, de escolas tradicionais e de experiências, por vezes até demasiado ousadas, Carla Faralli reagrupa em cinco linhas de pesquisa a produção filosófico-jurídica dos últimos cinqüenta anos. Em todas, é inevitável que, ao lado das correntes italianas, se examinem também as correntes estrangeiras que com elas se interseccionam, no âmbito de uma internacionalização do saber que gerou aquele *invisible college* único, do qual os estudos de filosofia do direito constituem um caso exemplar.

A *primeira linha* é dedicada ao retorno do valor ético-político no debate jusfilosófico e remonta, assim, à crise do positivismo jurídico, que fora a doutrina predominante sobretudo entre o final do século XIX e a primeira metade do século XX. A aplicação dessa renovada perspectiva ético-política às constituições democráticas produziu resultados fecundos.

Se o direito já não é estudado apenas do ponto de vista formal (ou seja, prescindindo de seus valores e conteúdos), é inevitável que o olhar se dirija para o direito como elemento da realidade social. Por esse motivo, a *segunda linha* agrupa os institucionalismos e os realismos jurídicos, em que se situam algumas das novas correntes, ligadas a temas que se impuseram à atenção de toda a sociedade, sobretudo depois de 1968, como os *Critical Legal Studies*, a análise econômica do direito e os estudos de gênero aplicados também ao âmbito teórico do direito. Como sua análise tem por objeto o pensamento filosófico-jurídico, Carla Faralli não examina, portanto, a sociologia do direito, dotada de uma trajetória própria e diferente.

A *terceira linha* ocupa-se do raciocínio jurídico, em particular das perspectivas abertas primeiro pelas teorias da argumentação jurídica e depois pelas teorias da interpretação ou hermenêutica do direito: inserem-se aqui as teorias da lógica informal, da nova retórica e da tópica.

Um passo a mais no estudo do raciocínio jurídico é ilustrado pela *quarta linha*, constituída pelos estudos de lógica jurídica (em particular, de lógica deôntica), nos quais a escola de Buenos Aires ocupa posição de primeiro plano. Esse é um dos poucos casos em que o pensamento sul-americano contribuiu para alimentar uma corrente universal de estudos, assumindo uma posição equivalente à das produções anglo-americanas e européias.

Enfim, com a *quinta linha* analisam-se as novas fronteiras a que chegou a filosofia do direito, impulsionada pela incessante inovação científica e tecnológica dos últimos decênios. Assim, aos temas tradicionais da filosofia do direito acrescentaram-se os problemas das intervenções na vida humana e animal, das novas formas de pluralismo jurídico geradas pelo multiculturalismo, do uso da informática no mundo do direito. Nesses campos, a opinião do filósofo do direito é cada vez mais decisiva para o legislador. O panorama traçado por Carla Faralli encerra-se com o exame da informática jurídica e da bioética.

O impulso inovador até aqui descrito demonstra que a filosofia do direito não é uma disciplina antiquada ou desvinculada da realidade: é, muito mais, uma daquelas pesquisas de base que dão frutos a longo prazo porque identificam as linhas evolutivas da sociedade na qual estão imersas.

A meu ver, um dos benefícios do livro de Carla Faralli consiste exatamente em enfatizar esse aspecto inovador de uma disciplina antiga. O sintetismo de seu escrito fortalece essa reivindicação, particularmente necessária aos estudos atuais.

De fato, precisamente de Bolonha – cidade em que se reuniram em 1999 os reitores das universidades européias – partira uma reforma dos estudos universitários que pretendia harmonizar os currículos heterogêneos das universidades européias: como na União Européia os profissionais podem circular livremente, eles precisam ter um preparo homogêneo. Essa reforma razoável logo se transformou num premente convite a organizar a universidade em função das empresas, como se coubesse a ela produzir, não a *intelligentsia* de uma nação, mas os funcionários de uma indústria. Da aceitável economia de mercado, passava-se assim a uma inaceitável sociedade de mercado. Conseqüentemente, tanto nas faculdades científicas como nas dedicadas às ciências humanas manifestou-se a tendência a abolir as matérias vinculadas à pesquisa de base, por não serem imediatamente passíveis de utilização no mercado de trabalho.

Por esse motivo, o ensino da filosofia do direito, em particular, está conhecendo uma drástica redução em toda a União Européia. Para reagir a essa tendência e evitar que outras reformas repitam o mesmo erro, este livro oferece um insubstituível testemunho, não apenas da vitalidade intelectual, mas também da utilidade prática de uma disciplina teórica como a filosofia do direito.

De fato, enquanto houver uma sociedade com ordenamento jurídico, persistirá também a necessidade de refletir sobre a justiça, sobre a estrutura e a função das normas jurídicas, sobre os comportamentos que devem ser incentivados ou reprimidos e, enfim, sobre o tipo e o nível de ordem que deve reger aquela sociedade.

Mario G. Losano
Outubro de 2005

INTRODUÇÃO
A crise do positivismo jurídico

O adjetivo "contemporâneo" gera no mínimo incerteza: quando na linguagem comum falamos em idade contemporânea, referimo-nos à época em que vivemos, assumindo assim uma delimitação não definitiva, mas maleável. Na história, o início da idade contemporânea é fixado em datas geralmente precisas que, porém, variam nos diversos países e culturas[1]. Por esse motivo, faz-se necessário indicar o momento de início da filosofia do direito contemporânea. Assumiremos como termo *a quo* o final dos anos 1960 do século XX, ou seja, a crise do modelo juspositivista na versão hartiana, em outras palavras, a época posterior a Hart.

Nos últimos quarenta anos assistimos a uma dissolução progressiva das escolas e correntes consolidadas, e em decorrência disso já não é muito útil, por exemplo, a distinção clássica entre jusnaturalismo, juspositivismo e realismo jurídico, que por muito tempo permitiu que nos orientássemos entre as posições dos diversos autores, mesmo que de maneira às vezes um pouco esquemática e forçada. Isso não significa que o jusnaturalismo, o juspositivismo e o realismo jurídico tenham desaparecido: o primeiro tem um representante de relevo em John M. Finnis; ao segundo estão ligados, de diferentes maneiras, autores como Neil MacCormick, Ota Weinberger, Joseph Raz; ao terceiro estão associados os expoentes dos *Critical Legal Studies,* da análise econômica do direito, bem como de parte da teoria do direito feminista. No entanto, alguns autores prescindem de tais correntes teóricas, pois não as aceitam nem as criticam, não podendo assim ser ligados a elas, mas simplesmente se ocupam de novas pesquisas.

Outra característica do debate filosófico-jurídico contemporâneo é a notável ampliação do âmbito temático: ao lado das problemáticas tradicionais – que vão da teoria da justiça à ciência jurídica, da teoria da norma à teoria do ordenamento – o filósofo do direito está hoje cada vez mais empenhado em tratar de questões específicas, que o aproximam do filósofo moral, do filósofo político, do profissional de informática, do médico, do sociólogo.

Uma possível chave de leitura para facilitar a compreensão do debate filosófico-jurídico contemporâneo tão especializado, fragmentado, diversificado e fluido[2] é identificar nele, com alguma aproximação, duas diretrizes oriundas da crítica do modelo juspositivista que entrou em crise no final dos anos 1960.

Esse modelo, com palavras muito esquemáticas e parafraseando Norberto Bobbio, é, como se sabe, o de uma teoria formal do direito, isto é, de uma teoria que estuda o direito em sua estrutura normativa, independentemente dos valores a que serve essa estrutura e do conteúdo que ela encerra.

Em princípio, o juspositivismo encontra suporte na teorização dos cientistas sociais do final do século XIX, que sustentam a impossibilidade programática de valoração da ciência social e a impossibilidade estrutural de encontrar critérios de juízo de ordem moral para decidir em direito e em política. Mais tarde, na primeira metade do século XX, ele passa a se apoiar na filosofia analítica que, ao tratar dos valores, desenvolve uma metaética não-cognitivista, afirmando a impossibilidade de conhecê-los objetivamente.

O debate contemporâneo questionou as duas teses em que se apoiava o positivismo jurídico, determinando a abertura da filosofia do direito, por um lado, ao mundo dos valores ético-políticos e, por outro, ao mundo dos fatos.

Quanto ao primeiro aspecto, pode-se remeter o início do pós-positivismo, com certa aproximação, às críticas de Ronald Dworkin a Herbert Hart, reunidas no volume de 1977, *Taking Rights Seriously*[3]. Quanto ao segundo, às elaborações neo-institucionalistas de Ota Weinberger e Neil MacCormick, que resultaram no volume conjunto de 1986, *An Institutional Theory of Law*[4].

A premissa da teoria neo-institucionalista de MacCormick (n. 1941) e Weinberger (n. 1919) é constituída pelo reconhecimento da inadequação do juspositivismo, que emprega noções "ideais" exteriores ao mundo do "ser", perdendo de vista o fato de o direito estar profundamente inserido na realidade.

"O que nos propomos desenvolver" – afirmam os dois autores – "é uma teoria institucionalista do direito que explique e dê conta da existência de normas, instituições jurídicas e outros objetos ideais similares, e evite, por um lado, as armadilhas do idealismo, contra o qual justamente realistas e materialistas sempre protestaram, sem cair, por outro lado, na armadilha do reducionismo, risco ao qual as teorias realistas estão sempre expostas", decompondo o direito numa série de comportamentos individuais e perdendo de vista o elemento normativo, essencial ao fenômeno jurídico[5].

Para MacCormick e Weinberger o direito situa-se no plano dos fatos, mas não dos fatos brutos, junto com "sapatos, navios, lacres de cera ou couve-flor", e sim no plano dos "fatos institucionais". Estes últimos constituem uma categoria especial de fatos, que têm sua própria dimensão e dignidade ontológica, paralela, por assim dizer, à dimensão dos fatos brutos, na medida em que se originam de regras constitutivas. O que distingue as normas jurídicas no vasto âmbito dos fatos institucionais é o fato de serem funcionais a fins particularmente relevantes para a sociedade, como a proteção da vida e da segurança de seus membros e a alocação dos bens, inevitavelmente insuficientes para satisfazer todas as necessidades de cada membro da sociedade.

Dworkin (n. 1931), por sua vez, questionando a tese hartiana da separação entre direito e moral, sustenta que não é possível reduzir os ordenamentos jurídicos a meras estruturas normativas e que, ao lado das regras (*rules*), existem os princípios (*principles*), que vão além do direito estatuído, na medida em que se referem a fins (como o bem-estar da comunidade) ou a valores (entre os quais os direitos individuais). Eles representam "um padrão que deve ser observado não por provocar ou manter uma situação (econômica, política ou social) desejada, mas por ser uma exigência de justiça, ou de retidão, ou de qualquer outra dimensão da moral"[6].

Os *principles* são realidades heterogêneas em relação às [regras], mas são complementares a elas no ordenamento jurídico: as regras são válidas enquanto normas estabelecidas, e podem ser mudadas somente por força de uma deliberação, enquanto os princípios são válidos enquanto correspondem a exigências morais sentidas num período específico, e seu peso relativo pode mudar no decorrer do tempo. Os tribunais devem recorrer a estes últimos para resolver os casos difíceis (*hard cases*), aos quais não seria possível aplicar uma regra sem cometer uma injustiça[7].

INTRODUÇÃO

Com o tempo, o momento interpretativo torna-se tema dominante na construção de Dworkin, que em *Law's Empire*[8] chega a uma teoria do direito como interpretação e como integridade, no sentido em que o direito é concebido como uma complexa atividade de interpretação, que todavia não é deixada à discricionariedade dos juízes, mas firmemente ancorada aos princípios, fruto de um preciso desenvolvimento histórico.

Assim, com a queda da rígida distinção entre direito e moral, que caracterizara o positivismo jurídico até Hart, abre-se um novo caminho para uma filosofia do direito normativa, empenhada em questões de grande repercussão política e moral, em estreita conexão com a filosofia política e a filosofia moral.

Desde o início dos anos 1970, por outro lado, o filósofo estadunidense John Rawls (1921-2002) com seu *A Theory of Justice*[9] havia relançado a ética substantiva e a política normativa. De fato, o objetivo dessa obra é identificar, dentre os tantos ordenamentos sociais que podem ser buscados, quais são os justos, isto é, aqueles que cada cidadão escolheria se pudesse ser posto em condições de fazer uma escolha absolutamente racional, para além dos próprios interesses e egoísmos.

Na teoria de Rawls, os princípios de justiça são deduzidos por meio de um procedimento contratual hipotético, que representa uma versão nova e aprimorada do antigo contrato social. Esse procedimento parte da "posição original", na qual os indivíduos se encontram sob um espesso "véu de ignorância", no sentido de que não sabem nada da própria posição futura na sociedade, desconhecem o seu sexo, a sua idade, a sua nacionalidade, a sua condição social, as suas capacidades pessoais, as suas posses materiais etc. Em outras palavras, excluem-se todas as considerações que poderiam introduzir elementos de não-imparcialidade no diálogo contratual.

As partes em questão, concebidas como essencialmente racionais e em condições de total liberdade e igualdade, "escolhem juntas, com um só ato coletivo, os princípios que devem conferir os direitos e os deveres fundamentais e determinar a divisão dos benefícios sociais".

Tais princípios são, substancialmente, dois: o primeiro, que prevalece sobre o segundo, determina que cada pessoa deve ter um direito igual ao mais abrangente sistema de liberdades básicas iguais, que seja compatível com um sistema semelhante de liberdades para todos; o segundo, que todos os principais bens sociais – liberdade e oportunidade, renda e riqueza e as bases da auto-estima – devem ser distribuídos igualitariamente, a menos que uma distribuição desigual de um ou mais desses bens traga vantagem aos menos privilegiados[10].

A obra de Rawls – obra de um filósofo moral e político, mas centrada num tema clássico da tradição filosófico-jurídica, a justiça – teve um impacto muito grande sobre a filosofia do direito[11], abalando uma das teses fundamentais do positivismo: a convicção da impossibilidade de uma discussão racional sobre os conteúdos deontológicos ou de uma teoria científica de tais conteúdos.

Mais ou menos no mesmo período, na Alemanha, o movimento de reabilitação da filosofia prática (*Rehabilitierung der praktischen Philosophie*), representado sobretudo por Rudiger Bubner, Otfried Höffe, Karl Heinz Ilting, Manfred Riedel e Joachim Ritter, partindo da releitura de Aristóteles e Kant, também tenta fundar uma concepção do direito e da política novamente normativa.

Os grandes temas do debate contemporâneo tornaram-se, ou melhor, em alguns casos, voltaram a ser, numa perspectiva internacional, a justiça, os direitos fundamentais do homem, a imparcialidade ou neutralidade do Estado, enriquecidos por novos elementos como o direito das minorias culturais, o multiculturalismo, os direitos dos animais, o direito do ambiente, os direitos do nascituro, a eutanásia etc.

Também na Itália o positivismo jurídico, desenvolvido de modo substancialmente unitário entre os anos 1950 e 1960, através do fecundo encontro entre a filosofia analítica e a teoria pura de Kelsen, entra em crise ao final dos anos 1960[12].

Em 1965 são lançados *Giusnaturalismo e positivismo giuridico*, de Norberto Bobbio, e *Cos'è il positivismo giuridico*, de Uberto Scarpelli, duas obras consideradas a síntese de quinze anos de aliança entre positivismo jurídico e filosofia analítica, mas que já revelam os primeiros sintomas da crise[13].

Na primeira, Bobbio (1909-2004), depois de distinguir três aspectos do positivismo jurídico – como ideologia, como teoria do direito e como modo de abordagem do estudo do direito –, declara sua adesão ao positivismo jurídico apenas como modo não-valorativo e científico de empreender o estudo do direito, concebido como fenômeno real e não ideal[14]. Dois anos mais tarde, num artigo intitulado "Essere e dover essere nella scienza giuridica"[15], Bobbio chega a inverter as teses que ele mesmo defendera nos anos 1950, quando considerava descritivo o metadireito kelseniano, e sustenta que na verdade até o modelo kelseniano propõe um metadireito prescritivo de tipo estrutural e formal. Bobbio conclui o ensaio salientando que, na fase atual dos estudos sobre a ciência jurídica, se assiste a uma completa inversão de rota e à tendência a um metadireito mais realista, que procede, com método analítico, descrevendo aquilo que os juristas efetivamente fazem. Esse metadireito, estudando aquilo que o direito é, descobre que este não é descritivo, mas prescritivo, ou seja, dita os comportamentos devidos e, na medida em que prescreve, não é de modo algum ciência.

Por sua vez, Scarpelli (1924-1993), em *Cos'è il positivismo giuridico*, acima citado, assume um ponto de vista diferente, chegando a deslocar o modelo juspositivista "do universo da ciência para o universo das atividades políticas".

Admitindo a impraticabilidade de um estudo meramente científico do direito, ele sustenta que o juspositivismo se resume na aceitação por parte do jurista do direito positivo, entendido como sistema de normas válidas – normas de comportamento e normas de estrutura, estabelecidas pela vontade de seres humanos –, "constituído (ainda que não exclusivamente) de normas gerais e abstratas, coerente ou reconduzível à coerência, completo porque exclusivo, coercitivo". Em outras palavras, o positivismo jurídico implica, segundo Scarpelli, uma tomada de posição em favor de uma técnica particular de formação de expressão da vontade política, a técnica pela qual a vontade política se forma através de procedimentos regulados por normas positivas de estrutura e se expressa em normas gerais e abstratas.

O juspositivismo – escreve Scarpelli – "é uma face da técnica política que pretende realizar o controle social mediante uma produção regulada de normas gerais e abstratas", isto é, daquela técnica política própria do Estado moderno[16].

Nos anos seguintes – os do assim chamado pós-positivismo – amadurece a virada do pensamento tanto de Bobbio como de Scarpelli nas direções indicadas pelas obras citadas acima.

Nos anos 1970, Bobbio se aproxima de uma teoria do direito de tipo funcional, considerada a abordagem necessária para adaptar a teoria do direito às transformações da sociedade contemporânea. Como declara o próprio Bobbio na introdução a uma coletânea de textos daqueles anos, significativamente intitulada *Dalla struttura alla funzione*, a teoria formal do direito, totalmente orientada para a análise da estrutura dos ordenamentos jurídicos, negligenciou a análise de suas funções. Mas o direito não é um sistema fechado e independente: ele é, em relação ao sistema social considerado como um todo, um subsistema que está ao lado – em parte se sobrepondo e em parte se contrapondo – de outros subsistemas (econômico, cultural, político) e o que o diferencia dos outros é justamente a função. É precisamente essa descoberta que evidencia a insuficiência da teoria estrutural e a necessidade de uma "teoria funcionalista do direito", não para se contrapor, mas para complementar a primeira[17]. A partir do final dos anos 1970, Bobbio ocupou-se predominantemente de filosofia política, quer por motivos contingentes (a transferência para a cátedra de Filosofia Política na nova Faculdade de Ciências Políticas de Turim), quer pela convicção amadurecida de que a teoria política deve alimentar e integrar a teoria do direito.

No mesmo período, Scarpelli dirigiu os seus estudos sobretudo para os problemas de ética e metaética jurídica e geral, às vezes sob a forma de investigação de problemas de semiótica da linguagem prescritiva.

A obra mais representativa dessa fase do pensamento de Scarpelli é *L'etica senza verità*. Trata-se de um título emblemático que resume todo o significado da filosofia do autor, "o tema fundamental, o fio condutor, a dificuldade e a promessa" de todas as suas pesquisas sobre a ética, como ressalta o próprio autor no Prefácio[18]. Pesquisas sempre inspiradas no princípio da "Grande Divisão" entre descritivo e prescritivo e na lei de Hume, que, como se sabe, não permite extrair preceitos de asserções e vice-versa. Daí a ética sem verdade, no sentido de que as proposições prescritivas, diferentemente das assertivas, não são nem verdadeiras nem falsas. Não podem, portanto, ser submetidas ao juízo de veracidade ou de falsidade, mas apenas a critérios de justificação.

Nesse mesmo período, Scarpelli começa a se ocupar de bioética sob uma perspectiva laica, contribuindo, como veremos no último capítulo, para a expansão, entre os filósofos do direito, das discussões que têm por objeto as problemáticas inerentes a tal disciplina.

Capítulo I
A abertura da filosofia do direito aos valores ético-políticos

Como vimos na Introdução, a crise do positivismo jurídico levou à superação da rígida distinção entre direito e moral e à conseqüente abertura do debate filosófico-jurídico contemporâneo aos valores ético-políticos. Essa abertura teve vários resultados, dentre os quais os mais significativos parecem ser as chamadas teorias constitucionalistas ou neoconstitucionalismo[1] e a nova teoria do direito natural.

1. A identificação do constitucionalismo como teoria específica do direito e sua distinção do positivismo (ou legalismo) foi proposta por R. Alexy e R. Dreier[2] no final dos anos 1980, à luz do debate alemão sobre o papel da *Bundesverfassungsgericht* (Tribunal Constitucional Federal) e a interpretação de sua jurisprudência. Enquanto as teorias legalistas são reconduzidas ao âmbito do juspositivismo tradicional, a principal característica das teorias constitucionalistas consiste no reconhecimento do aumento da complexidade da estrutura normativa dos sistemas constitucionais contemporâneos, que está ligado à introdução dos princípios e à diferença entre estes e as regras. A abordagem constitucionalista, como dissemos, foi antecipada pela concepção do "direito como integridade",

de R. Dworkin, que pode ser vista como sua primeira e coerente formulação.

Com base na análise de Alexy e Dreier, pode-se caracterizar a abordagem constitucionalista segundo três aspectos principais. Em primeiro lugar, essas teorias consideram central a dimensão da correção "moral" do direito e afirmam que esta não pode ser reduzida ao direito válido, como na perspectiva positivista, apenas em termos formais. A defesa da conexão entre direito e moral baseia-se no processo de inclusão de conteúdos morais no direito, expressos nos princípios e nos direitos invioláveis dos indivíduos. A presença dos princípios se traduz na abertura do direito aos conteúdos morais e, paralelamente, determina o desenvolvimento de novas formas de decisões judiciais (ponderação de princípios, *balancing*). Em segundo lugar, e com base nessas novas formas decisórias, ressalta-se a importância dos processos de aplicação do direito, em particular dos judiciários, para sua determinação no interior dos sistemas constitucionais. Em terceiro lugar, em relação direta com o segundo aspecto, evidencia-se a vinculação, no âmbito da estrutura político-constitucional, do legislador aos princípios e aos direitos constitucionais, bem como o papel decisivo dos juízes para sua execução, mesmo em contraste com as decisões legislativas e com a lei.

As teorias que melhor desenvolveram esses conteúdos e podem ser consideradas teorias constitucionalistas do direito são as de Dworkin e Alexy.

A reflexão de Dworkin é construída em relação direta com a necessidade de desenvolver novas categorias teóricas para a compreensão das transformações constitucionais dos sistemas jurídicos e, como já observamos, pode ser vista como a primeira abordagem neoconstitucionalista do direito. A exigência de um aparato teórico diferente encontra pleno desenvolvimento em sua concepção do direito como integridade que pode ser reconstruída segundo os três aspectos indicados acima.

O primeiro aspecto é relativo à distinção "qualitativa", isto é, de estrutura, entre regras e princípios que Dworkin põe na base de sua análise. Esse dado tem, para ele, tanto uma dimensão empírica, ligada aos processos de inclusão dos princípios nos sistemas jurídicos, quanto uma dimensão teórica, ligada ao problema da obrigatoriedade do direito. No primeiro ponto de vista, destaca-se a progressiva relevância dos princípios no desenvolvimento do direito. No segundo, a presença dos princípios nos sistemas jurídicos é relacionada com a ligação entre direito e moral, que deve ser realizada na dimensão de fundação da comunidade jurídica: esta última é legítima se expressa, através dos direitos conferidos aos indivíduos, a exigência moral de igual consideração e respeito aos seus membros. A presença dos princípios, portanto, corresponde primariamente aos direitos dos indivíduos e representa o núcleo moral da comunidade: esta base moral é o que torna o direito obrigatório. A idéia de *equal concern and respect* está no centro da conexão entre direito e moral na concepção dworkiniana e deve encontrar aplicação nas decisões políticas e de execução do direito.

O segundo aspecto está ligado aos processos de interpretação e aplicação do direito. Nesse caso, o postulado da integridade se traduz na exigência de que a decisão judiciária seja coerente com os princípios e realize o postulado de igual consideração e respeito. A exigência de coerência, por um lado, é decorrente da abertura dos princípios e de suas diversas concepções presentes numa sociedade pluralista e, por outro, deriva do possível conflito entre os diversos princípios postos na base da comunidade. A integridade compreendida como coerência expressa a exigência de universalizabilidade da decisão, isto é, de tratar os casos iguais de modo igual. Tal exigência tem para Dworkin uma dimensão primariamente argumentativa, relativa à avaliação dos diversos princípios aplicáveis (*balancing*) e das exigências do caso, e representa a dimensão moral da evolução do direito.

O terceiro aspecto diz respeito à possibilidade de uma fundamentação relativamente objetiva das decisões jurídicas e dos problemas morais. Dworkin desenvolve essa possibilidade através da avaliação crítica do ceticismo ético e da articulação de uma proposta moderadamente cognitivista, ligada à dimensão argumentativa do discurso jurídico e moral. Isso leva à possibilidade de determinar uma resposta correta para as diversas questões suscitadas pela interpretação dos princípios e dos direitos num âmbito pluralista. Deve-se entender essa resposta primordialmente na perspectiva de um método que permite chegar a decisões corretas e representa uma proposta que tende a superar a alternativa exclusiva entre cognitivismo e não-cognitivismo. A presença dos princípios e a inclusão de elementos morais no direito são relacionadas, portanto, à possibilidade de se chegar a decisões baseadas em termos racionais por meio do postulado da coerência e da universalizabilidade das decisões.

A teoria dworkiniana sintetiza esses aspectos numa perspectiva centrada numa visão fundamentada tanto nos direitos dos indivíduos (*rights based*)[3], quanto numa concepção constitucional da democracia, não mais vista como simples deliberação da maioria, mas como sistema baseado em princípios que exprimem os direitos dos indivíduos e têm como pressuposto a idéia de igualdade, entendida como *equal concern and respect*[4].

Robert Alexy (n. 1945), por sua vez, procura integrar os resultados da tradição analítica inglesa especialmente com a teoria da ação comunicativa de Jürgen Habermas.

A reflexão filosófica de Habermas (n. 1929) nasce, como se sabe, nos anos 1950, no âmbito da Escola de Frankfurt, para depois se emancipar pouco a pouco até se tornar plenamente autônoma nos anos 1980.

É com a *Theorie des kommunikativen Handelns* que Habermas teoriza aquela mudança de paradigma, a chamada virada comunicativa, que caracterizará seu pensamento subseqüente, e mais especificamente a sua concepção do direito. Para poder compreender filosoficamente o âmbito da ação humana e assumir um ponto de vista normativo em relação a ele, é essencial o conceito de razão comunicativa. Esta, de um lado, se contrapõe à razão instrumental e, de outro, aprofunda criticamente a razão prática de matriz kantiana, na medida em que não indica o que se deve fazer para obter um determinado resultado, mas mostra o caminho para identificar consensualmente quais normas podem disciplinar as ações. A comunicação racional, à qual Habermas atribui a tarefa de presidir a justificação das regras práticas da ação, deve observar certos pressupostos, como as regras formais da lógica na formulação dos argumentos, a comunidade da língua empregada ou sua tradutibilidade ou, ainda, a igualdade entre os participantes, a sua responsabilidade moral e, não menos importante, a sua disponibilidade ao acordo[5].

Em sua obra de 1992, *Faktizität und Geltung*, o filósofo de Frankfurt aplicou essas premissas ao mundo do direito[6]. O princípio de validade do direito é um princípio discursivo, segundo o qual "merecem ser válidas apenas as normas que poderiam encontrar a aprovação de todos os potenciais interessados na medida em que eles participam em geral de discursos racionais". Para Habermas, "no próprio coração do direito positivo" se introduz a moral, uma moral procedimental, que se despojou de todos os seus conteúdos determinados, sublimando-se em um procedimento de justificação válido para possíveis conteúdos normativos. Pode-se falar, assim, de um direito justo sem mencionar este ou aquele conteúdo moral. Em outras palavras, o que se torna normativo para julgar a legitimidade do direito não é este ou aquele princípio moral alheio a ele, mas a possibilidade de apresentar discursivamente pretensões de legitimação com referência ao fenômeno jurídico.

Assim, o eixo de toda a reflexão vem a ser o caráter argumentativo dos procedimentos de verificação da aceitabilidade das normas jurídicas.

Baseando-se em Habermas, Alexy desenvolve em sua primeira obra, *Theorie der juristischen Argumentation*[7], a chamada *Sonderfallthese*, isto é, considera o discurso jurídico um caso particular do discurso prático geral, do qual se diferencia porque "com afirmações e decisões jurídicas não se pretende a retidão absoluta, mas apenas que estas sejam corretas à luz dos pressupostos do ordenamento jurídico vigente". O relacionamento entre os dois discursos envolve o problema mais amplo da relação entre direito e moral, que Alexy aborda em *Begriff und Geltung des Rechts*[8], posicionando-se contra a tese juspositivista da separação (*Trennungsthese*).

Nessa obra, Alexy defende a tese da conexão "conceitual e normativamente necessária" entre direito e moral (*Verbindungsthese*), recorrendo a vários argumentos, dentre os quais é fundamental o dos princípios. Desenvolvendo e aprimorando a elaboração dwokiniana, Alexy define os princípios como uma espécie de normas que apresentam características e comportamentos diferentes das regras. Os princípios têm um conteúdo relativamente mais geral, mais abstrato, mais vago e mais genérico que o das regras. Eles podem ser definidos como "preceitos de otimização", vale dizer, como diretivas realizáveis apenas em parte e em medida variável, que não prescrevem condutas específicas, mas remetem a valores que deverão ser efetivados na maior medida possível.

Assim, o enunciado de um princípio não implica a obrigação de que os destinatários se adequem totalmente a ele, realizando uma atividade específica, mas equivale a estabelecer uma razão que, *prima facie*, suporta qualquer comportamento que contribui para a efetivação daquele princípio. Isso significa que a esfera da aplicabilidade dos princípios é relativamente indeterminada. Além disso, os princípios são suscetíveis de expansão e de compressão: para saber qual o alcance efetivo de um princípio é preciso não apenas observar seu teor literal, mas também o conteúdo dos outros princípios concorrentes potencialmente aplicáveis, se existentes, bem como as circunstâncias do caso concreto. A esse propósito, Alexy afirma que os princípios se caracterizam mais pela dimensão do "peso" que pela dimensão da validade. O procedimento necessário para determinar o "peso" de cada princípio constitui-se de um teste de ponderação (*balancing*), para o qual é imprescindível a consideração de alguns elementos concretos, não predetermináveis em abstrato. Desse modo, o resultado das técnicas de ponderação aparentemente não pode ser estabelecido de maneira geral, nem tampouco ser previsto.

Sendo assim, devem-se considerar os princípios como argumentos concorrentes *pro* ou *contra* uma determinada decisão, que se inserem num esquema mais amplo de raciocínio.

As constituições que integram o modelo de Estado constitucional se diferenciam do modelo de Estado de direito justamente porque encerram princípios em que se expressam decisões valorativas que se impõem ao legislador, na medida em que "princípios e valores são a mesma coisa". Sobre esse ponto, em particular, manifesta-se sua divergência com Habermas, que recrimina Alexy por sugerir "a subordinação do direito à moral, que é tendenciosa, por não estar ainda de todo liberada de conotações jusnaturalistas"[9].

No pólo oposto ao da concepção de direito de Habermas e de Alexy – caracterizada, como vimos, ainda que de maneira diversa, por uma abertura estrutural ao mundo externo das razões não-jurídicas (pragmáticas, ético-políticas, morais) –, situa-se a concepção do sociólogo Niklas Luhmann (1927-1998), cuja obra possui importantes aspectos filosófico-teóricos.

O estudioso de Bielefeld enfrenta, pelo menos a partir do início dos anos 1980, as problemáticas jurídicas à luz da teoria geral dos sistemas autopoiéticos. Concebe a sociedade como "um sistema social abrangente", no interior do qual se encontra uma série de sistemas parciais ou subsistemas (por exemplo, o do direito, da moral, da economia, da religião etc.), cuja função é reduzir a contingência e a complexidade social. Cada subsistema é autônomo e opera segundo um código próprio específico que, no caso do direito, é direito/não-direito. O direito, portanto, de acordo com o seu próprio código, diferencia as ações em lícitas e ilícitas, mas isso não implica nenhuma valoração moral, ou seja, se são boas ou más ações. "A fonte da validade do direito é o próprio sistema do direito"– conclui Luhmann –; "nossa sociedade diversificada deve recusar-se a ser integrada do ponto de vista moral".[10] Daí a contraposição a Alexy, da qual partimos, e a polêmica com Habermas.

Próxima, em muitos de seus aspectos, das teorias constitucionalistas de Dworkin e Alexy está a concepção filosófico-jurídica do argentino Carlos Santiago Nino (1943-1993).

São dois, em especial, os aspectos que vinculam sua reflexão à dos dois maiores teóricos do neoconstitucionalismo: de um lado, a crítica ao positivismo jurídico e, de outro, a tese da conexão entre direito e moral. Do primeiro ponto de vista, Nino critica o positivismo recorrendo ao que chama de "teorema fundamental da filosofia do direito". Este pode ser sintetizado na afirmação de que as normas jurídicas não estão em condições de constituir razões suficientes para a justificação de ações ou decisões (dos juízes, por exemplo) se não têm um fundamento moral. Por esse motivo, o direito positivo só pode ser considerado obrigatório se respaldado em princípios ou razões morais. A elaboração desse teorema está relacionada às insuficiências do positivismo: a consideração do direito como fato ou como comando só consegue fornecer uma explicação da obrigatoriedade incidindo na lei de Hume e negligenciando a dimensão "de conteúdo" do direito.

Do segundo ponto de vista, Nino adota a tese do "caso especial" de Alexy e desenvolve a idéia da conexão entre direito e moral especialmente "nos âmbitos da justificação e da interpretação do direito". A possibilidade de fundamentação moral do direito encontra expressão sobretudo na decisão do legislador democrático e tem uma dimensão "procedimental" e "discursiva". Para Nino, o direito produzido democraticamente, enquanto fruto de um procedimento que se aproxima do discurso prático (visto como livre discussão), pode ser considerado obrigatório por fornecer "razões segundo as quais as normas prescritas pela autoridade democrática derivam de princípios morais válidos e constituem argumentos que justificam decisões". Nino desenvolve uma concepção "deliberativa" e não simplesmente "agregativa" da democracia, vendo-a como um procedimento orientado para a construção das decisões com base num debate racional[11].

Na Itália, as temáticas do neoconstitucionalismo só agora aparecem no debate filosófico-jurídico. Luigi Ferrajoli observou que a cultura jurídica italiana demorou muito a perceber as transformações que a entrada em vigor da Constituição provocou em todo o paradigma do direito[12].

Encontramos alguma abertura nas obras do último período de Uberto Scarpelli, que, declarando-se "um partidário da lei e defensor do positivismo jurídico um tanto arrependido", sustenta a necessidade de identificar princípios capazes de guiar a legislação e defende a criação de um aparelho judiciário capaz de, com base nesses princípios, que se identificam com os princípios constitucionais positivos, garantir uma atividade de interpretação do direito que desempenhe uma função unificadora similar à desempenhada no passado pelos códigos e pela lei, pois esta parece não oferecer mais aquelas garantias de racionalidade e tutela dos direitos fundamentais que a transformaram no principal instrumento do moderno Estado de direito[13].

No "novo paradigma constitucional" inserem-se sobretudo as obras de Luigi Ferrajoli (n. 1940), a partir de *Diritto e ragione. Teoria del garantismo penale*[14]. Nessa obra o autor delineia um sistema penal garantista fundado em dois princípios: o princípio do convencionalismo penal (segundo o qual não pode haver casos jurídicos penais não expressamente previstos pela lei) e o do cognitivismo processual (que pressupõe a ocorrência de hipóteses acusatórias que podem ser comprovadas ou falsificadas em virtude de seu caráter assertivo). Esses princípios se opõem respectivamente ao substancialismo penal e ao decisionismo processual, que caracterizam os sistemas autoritários.

Para limitar "o poder de disposição" do juiz, que se dá quando este justifica suas decisões com valores de cunho ético-político, o autor enuncia dez axiomas que configuram um direito penal mínimo, a saber, maximamente disciplinado e regulado, de modo a garantir a esfera de liberdade do cidadão contra manifestações de poder arbitrárias e imprevisíveis. Ao contrário, o sistema de direito penal máximo é minimamente regulado e disciplinado, deixando amplos e arbitrários espaços de discricionariedade, que são colmados com decisões gravemente lesivas à liberdade dos cidadãos.

Nas obras mais recentes de Ferrajoli outros temas se somaram ao tema do garantismo penal, tais como a soberania, a cidadania e sobretudo os direitos fundamentais[15].

2. A abertura da filosofia do direito aos valores ético-políticos conduziu também a outra etapa da milenar história do jusnaturalismo, a nova teoria do direito natural.

Já no segundo pós-guerra, as teses neojusnaturalistas haviam tido grande repercussão sobretudo na Alemanha (entre outros com Gustav Radbruch) e na Itália. A partir dos anos 1960, um renovado interesse pelo direito natural manifestou-se também no meio anglo-saxão, em conseqüência da polêmica entre Herbert Hart e Lord Devlin e da publicação de *The Morality of Law* de Lon Fuller.

A polêmica Hart-Devlin foi desencadeada pelo *Wolfenden Report*, relativo à questão da conveniência e oportunidade da repressão do homossexualismo e da prostituição na Inglaterra.

A Comissão se manifestara negativamente, sustentando, com respaldo em John Stuart Mill, o princípio que afirma, quanto aos comportamentos não-ofensivos ao próximo (as *self regarding actions*, segundo a definição de Mill): "deve permanecer um reino da moralidade e da imoralidade privadas, que, em termos breves e crus, não é da conta do direito" e, conseqüentemente, que o direito só pode interferir em atos que causem danos a terceiros.

Hart assumira a defesa desse princípio, suscitando a reação polêmica de Lord Devlin, que objetou que uma moral compartilhada – da qual, a seu ver, as regras que condenam o homossexualismo e a prostituição devem ser consideradas parte – é um componente irrenunciável da organização social, pois representa um aspecto essencial da estrutura de uma sociedade e determina sua identidade enquanto tal. Conseqüentemente, a sociedade tem a faculdade de se defender para evitar a própria destruição, interferindo em atos que destruam suas regras morais fundamentais (*disintegration thesis*)[16].

As posições de Hart e Devlin são emblemáticas de duas ideologias opostas: o liberalismo e o moralismo jurídico. Muito esquematicamente, o liberalismo sustenta que, salvo os casos de *harm to other* (isto é, dano aos outros), cada um deveria ser livre para escolher os próprios valores e fins, compatíveis com uma igual liberdade do mesmo tipo para todos, enquanto o moralismo jurídico considera a conservação da moralidade da sociedade um valor digno de ser defendido pelo instrumento coercitivo do direito. O moralismo jurídico contemporâneo (ou perfeccionismo jurídico, como também se costuma defini-lo) vale-se de duas estratégias argumentativas fundamentais, referindo-se ou a valores afirmados como "verdade ética objetiva", ou a valores interpretados como simples moral compartilhada.

A primeira linha argumentativa é encontrada em expoentes do jusnaturalismo contemporâneo, como John Finnis, de quem se falará em breve, os quais sustentam a possibilidade de determinar cognitivamente a moralidade ou a imoralidade de determinadas práticas. A segunda, por sua vez, é recorrente na contemporânea constelação do pensamento comunitário (vejam-se Alasdair MacIntyre, Michael J. Sandel, Michael Walzer), segundo a qual é a opinião predominante, por motivos históricos e culturais, que determina a moralidade ou a imoralidade de algumas práticas específicas numa dada comunidade, examinada isoladamente.

Outra contribuição importante para a discussão iniciada por Hart e Lord Devlin veio de Lon Fuller (1902-1978) que, em sua obra mais conhecida, *The Morality of Law*[17], distingue entre uma moral externa ao direito e uma moral interna ao direito, esta última constituída por uma série de princípios inerentes ao mundo jurídico, aos quais cada direito positivo deveria adequar-se. Tais princípios – como, por exemplo, os de que o direito é constituído por normas gerais, cognoscíveis, não-retroativas, não-conflitantes etc. – não têm natureza substancial, mas procedimental, uma vez que indicam os procedimentos que o direito deve seguir para atingir o objetivo de "submeter a conduta humana ao governo das normas".

Um ano após a publicação da obra de Fuller, que teve enorme repercussão, foi publicado um ensaio de Germain Grisez relativo ao primeiro princípio da razão prática (*bonum faciendum et malum vitandum*)[18], que assinala o início da chamada teoria neoclássica do direito natural, caracterizada pela retomada da filosofia aristotélica e, sobretudo, de Santo Tomás de Aquino.

O principal texto da abordagem neoclássica da doutrina do direito natural é *Natural Law and Natural Rights* de John Finnis[19].

O pressuposto da análise de Finnis (n. 1940) é a idéia da impossibilidade de deduzir prescrições úteis no âmbito da ação humana a partir de asserções de natureza descritiva, ou seja, a intenção de justificar a validade do direito natural sem violar a lei de Hume. O caminho escolhido parte da identificação de sete bens fundamentais, indedutíveis e indemonstráveis, que são chamados a presidir toda valoração moralmente relevante da conduta dos homens. Esses bens ajudam a definir – e este é um conceito fundamental de toda a doutrina de Finnis – o "autêntico florescimento humano". O conhecimento, a vida, o lazer, a experiência estética, a amizade, a religião e a racionalidade prática são os valores fundamentais, diferentes entre si e de igual importância. O ideal finnisiano de florescimento humano como finalidade moral da ação corresponde a uma existência conduzida segundo um plano de vida que saiba valorizar esses bens fundamentais – em modos diversos entre si e múltiplos, e que, portanto, respeite a variedade das escolhas individuais. Assim, delineia-se para Finnis a necessidade de tornar praticamente perseguível um objetivo como esse; em outros termos, compreende-se o papel central que assume em sua reflexão a noção de bem comum correspondente à idéia de *flourishing*. É necessária uma organização social jurídica e politicamente capaz de garantir a obtenção desse fim e, de maneira mais geral, a realização em comum de projetos de vida que respeitem os bens fundamentais, expressos de modos diferentes mas irredutíveis entre si. É assim que Finnis chega à valorização de uma moral pública, assegurada pela ordem política.

Ele afirma que existem normas morais inderrogáveis, definidas como "absolutos morais", cuja validade não admite exceções, como as normas contra a morte de seres humanos inocentes – logo, contra o aborto –, contra o suicídio, o adultério, a fornicação, a contracepção, os atos homossexuais. Essas normas se sustentam, segundo Finnis, numa sólida tradição que tem "bases obrigatórias"tanto na fé como na razão. O suicídio, por exemplo, é um caso paradigmático de ação que é sempre errada, por ser uma escolha contra um valor fundamental, a vida. Também a condenação do aborto deriva do fato de que o valor da vida não deve ser diretamente atacado: nenhum argumento pode justificar um ato contra a vida, e o direito pode, ou melhor, deve proibir os atos que vão contra esses valores[20]. Finnis se distancia da perspectiva liberal[21], que assume uma postura neutra em relação à pluralidade de representações individuais do bem, para defender o ideal perfeccionista de uma vida boa, válido para cada um. Essa noção complexa de bem comum é para Finnis constitutiva do direito, pois representa o critério a partir do qual é possível legitimar o direito positivo e, mais genericamente, o fenômeno jurídico como um todo.

Capítulo II
A abertura da filosofia do direito aos fatos

A abertura da filosofia do direito contemporânea aos fatos manifestou-se especialmente nas teorias neo-institucionalistas e em alguns desdobramentos do realismo.

1. O neo-institucionalismo de Neil MacCormick e Ota Weinberger, mencionado na Introdução, pode ser considerado, segundo a definição dos próprios autores, "um desenvolvimento do normativismo em sentido realista". Ele retoma o institucionalismo clássico de Maurice Hauriou e de Santi Romano, que, como se sabe, se insere na revolta contra o formalismo ocorrida, seja na Europa, seja na América, entre o final do século XIX e o início do século XX. Tanto o velho quanto o novo institucionalismo se apresentam, portanto, como reações ao positivismo jurídico: o primeiro, ao positivismo da "jurisprudência dos conceitos"; o segundo, à tradição kelseniano-hartiana.

A proposta de MacCormick e Weinberger de uma teoria que vá "além do juspositivismo e do jusnaturalismo" e conjugue normativismo e realismo pode ser considerada o resultado coerente dos componentes do pensamento dos dois autores: o normativismo, no plano teórico-jurídico, e o neo-empirismo, no plano da filosofia geral.

Com efeito, do ponto de vista jurídico, Weinberger retoma a tradição da *Reine Rechtslehre* das escolas de Brunn e Viena, representadas eminentemente por F. Weyr e H. Kelsen, enquanto MacCormick se respalda em Hart e na filosofia jurídica analítica britânica. Sob o segundo aspecto, a formação de Weinberger foi influenciada pelas correntes do neopositivismo lógico, e em MacCormick se percebe a tradição analítica inglesa de Oxford e Cambridge. Ademais, ambos se declaram em dívida com John Searle, de quem tomam emprestada, entre outras, a noção de "fato institucional".

Partindo, portanto, destas premissas – normativismo no âmbito teórico-jurídico e neo-empirismo no âmbito filosófico geral –, MacCormick e Weinberger chegam a uma concepção realista que os leva a reconhecer, questionando as concepções jusnaturalistas e a tradição juspositivista kelseniana, que as normas não são realidades ontologicamente diferentes da realidade dos fatos empíricos, uma vez que se defina "como real tudo aquilo que tem existência no tempo".

O neo-institucionalismo de MacCormick e Weinberger apresenta interessantes analogias com alguns desdobramentos do realismo de matriz escandinava, particularmente na Itália.

A crise do positivismo jurídico a que aludimos favoreceu a difusão e a consolidação do realismo na Itália. Na verdade, já a partir dos anos 1950, Luigi Bagolini chamara a atenção para essa corrente filosófica[1], mas foi com Giovanni Tarello (1934-1987) que efetivamente se iniciou o aprofundamento desse modo de conceber o direito. Partindo do estudo do realismo americano[2], Tarello, como veremos, chega a uma concepção do direito como um conjunto de normas que os intérpretes extraem dos enunciados normativos.

Apesar da importância do realismo americano, na Itália foi o realismo escandinavo que deu origem a elaborações originais. Entre os principais estudiosos dessa corrente, encontram-se Silvana Castignone, Riccardo Guastini e Enrico Pattaro.

A influência da doutrina realista, juntamente com o enfoque empirista amadurecido através de estudos precedentes de Hume, levou Silvana Castignone (n. 1931) a acentuar a análise da linguagem jurídica e política, baseada no exemplo das operações de "terapia lingüística" efetuadas pelos escandinavos a fim de denunciar aqueles resíduos metafísicos que ainda se aninham na linguagem jurídica e nos levam a mistificar a realidade.

Em seus estudos, Castignone analisa as importantes conseqüências dessa metodologia no plano dos conceitos jurídicos, mas, adotando um ponto de vista crítico, também traz à luz seus inevitáveis limites derivados do fato de tal enfoque estar mais voltado para "desconstruir" que para reconstruir, e tenta superá-los[3].

Diferentemente de Castignone, que concentrou seus estudos sobretudo em Hägerström, Lundstedt e Olivecrona, Riccardo Guastini (n. 1946) estudou especialmente Alf Ross e acabou influenciado por ele sob diversos aspectos (no que se refere, por exemplo, à interpretação, como veremos)[4]. Nos trabalhos de Guastini não faltam, todavia, críticas a Ross. Em particular, ele não compartilha a tese de que o direito é redutível a um conjunto de diretrizes dirigidas aos tribunais (isso não é verdadeiro, por exemplo, para o direito constitucional, setor para o qual Guastini contribuiu com importantes estudos, sobretudo em relação a fontes)[5].

Enrico Pattaro (n. 1941) apresenta o jusrealismo como a transposição da filosofia analítica e, mais em geral, do neo-empirismo para o campo jurídico. Ele desenvolve uma concepção peculiar, que define como "realismo normativista", centrada no reconhecimento de que o direito é uma realidade ontologicamente não diferente da realidade dos fatos empíricos, mas não pode ser reduzido a estes.

O direito é uma realidade cultural, social e empírica complexa, de que fazem parte entidades lingüísticas (definidas como "diretrizes", evocando Ross) e extralingüísticas (fenômenos psíquicos como as crenças e os comportamentos). Em síntese, para Pattaro uma norma é a crença de que uma fatispécie abstrata, ou seja, um esquema de comportamento, é objetivamente obrigatória. Conseqüentemente, a resposta à pergunta "o que é o direito?" poderá vir não da teoria do direito formalista, mas daquelas disciplinas lingüístico-sociológicas em sentido lato, que se ocupam da linguagem e do comportamento: da semiótica à sociologia da linguagem, da antropologia à sociologia jurídica[6].

É possível confrontar o neo-institucionalismo e o realismo normativista com referência aos aspectos ontológico, metaético e jurídico-teórico.

Sob o aspecto ontológico, o realismo normativista adota uma concepção monista da realidade que inclui o direito na realidade empírica, considerando-o um fenômeno da psicologia social.

MacCormick e Weinberger compartilham a perspectiva monista, mas se distanciam dos realistas normativistas na maneira de conceber o "direito como fato": eles afirmam que o direito certamente é um fato, mas não um fato de psicologia social, e sim um "fato institucional". Essa expressão, como vimos, se refere a entidades que dependem ao menos em parte "da vontade, das convenções ou do desígnio do homem" e, portanto, são distintas dos fatos empíricos, dos simples acontecimentos naturais, de realidades independentes da atividade de atribuição de significado por parte dos homens[7].

A instituição representa, assim, uma porção de ser que não pode ser concebido da mesma forma que o ser dos corpos físicos ou, ainda, dos organismos vivos: trata-se de uma realidade tipicamente humana, cultural, que é normativamente fundada e possibilitada pela formulação de normas ou regras e adquire significado em relação a estas[8].

Sob o aspecto metaético, o realismo normativista é divisionista, isto é, admite a distinção entre ser e dever ser, entendida como irredutibilidade lógica dos discursos descritivos a discursos prescritivos e vice-versa. Também Weinberger, partindo de posições decididamente não-cognitivistas, é sem dúvida divisionista, enquanto a posição de MacCormick é nesse ponto menos decidida e tem contornos menos precisos.

Finalmente, sob o aspecto jurídico-teórico, o realismo normativista é deontologista, isto é, entende que a idéia de dever é essencial ao fenômeno jurídico. MacCormick e Weinberger pensam o mesmo: para ambos um aspecto irredutível do direito é o fato de que este guia as ações. Em particular, em Weinberger a concepção institucionalista do direito se situa no interior de uma teoria de ação particular, formalista e finalista. De fato, ele sustenta que cada instituição tem por base um núcleo fundamental de informações práticas (normas, objetivos e preferências).

2. No realismo americano, de várias formas e com enfoques diferentes, são retomados alguns movimentos iniciados sobretudo nos Estados Unidos, como os *Critical Legal Studies* (de agora em diante, CLS), a análise econômica do direito e a teoria do direito feminista.

2.1. O movimento dos CLS desenvolveu-se entre os anos 1970 e 1980, tendo como centro a faculdade de direito de Harvard e como momento inicial o livro de Roberto Mangabeira Unger, *Knowledge and Politics*, uma crítica radical àquele liberalismo que prescinde das relações entre os indivíduos em nome de um conceito de humanidade abstrata[9].

O movimento, todavia, não tem como ponto de referência apenas Roberto Unger (n. 1947), mas um numeroso grupo de juristas (entre os quais Robert W. Gordon, Morton J. Horwitz, Duncan Kennedy, Mark Tushnet), aproximados pela crítica às teorias jurídicas liberais e pela pretensão destas de serem politicamente neutras.

Retomando as teorias marxistas, o realismo americano e o desconstrutivismo de Derrida, os expoentes dos CLS sustentam que o direito, bem longe de ser racional, coerente e justo, como o representa o pensamento liberal, é arbitrário, incoerente e profundamente injusto. Os direitos e as liberdades, apresentadas como essenciais à realização do indivíduo, são na verdade funcionais aos fins políticos e econômicos do liberalismo. Um exemplo típico é o conceito de liberdade contratual: apresentado retoricamente como um direito, ele na verdade serve apenas aos fins do mercado e aos interesses do capitalismo. A uma análise atenta, o próprio princípio do *stare decisis* – segundo o qual os juízes, devido à obrigatoriedade do precedente, agiriam no plano jurídico e não político – revela-se um simples mascaramento da natureza política de suas decisões.

A crítica às teorias liberais é realizada através de três métodos de análise especiais: o *trashing*, a desconstrução e a análise histórica.

O primeiro método, o *trashing* (literalmente a operação de "desbastar"), corresponde ao processo que leva à revelação, isto é, ao desmascaramento da mensagem politicamente orientada encerrada no discurso jurídico. Um dos expoentes dos CLS, Robert Gordon, sustenta que o *trashing* permite mostrar as contradições do discurso jurídico e a ideologia que nele se esconde, revelando assim a tendência ideológica por trás das estruturas jurídicas, que são sempre historicamente condicionadas[10]. As concepções liberais, ao contrário, respaldam-se na idéia de que existe uma humanidade abstrata e desencarnada, separada das relações concretas e do tecido econômico, político e cultural.

Uma vez revelada a natureza ideológica do sistema jurídico, aplica-se o segundo método, a desconstrução. Desconstruir o paradigma liberal e fazer emergir a "estrutura profunda" do liberalismo significa trazer à luz as suas contradições internas, a partir daquela, mais importante e abrangente que todas as outras, entre indivíduo e comunidade, ou melhor, entre individualismo e altruísmo. Essa contradição tem origem em dois modelos antinômicos – o modelo hobbesiano do *homo homini lupus*, e o do homem que entra "naturalmente" em sociedade –, ambos presentes na tradição liberal que, com o tempo, privilegiou o primeiro, deixando o outro em segundo plano. A desconstrução tem, portanto, a tarefa de revelar os elementos reprimidos ou removidos que o discurso jurídico, como qualquer outro discurso, esconde e de reintroduzi-los com finalidade crítica[11].

A melhor maneira de revelar que um discurso jurídico é artificial e ideológico é reconstruir sua história. A análise histórica ou genealógica – que representa o terceiro método de que se valem os expoentes dos CLS – demonstra que as idéias jurídicas são historicamente dadas, isto é, se justificam no contexto social específico em que nascem e se exprimem.

No campo das pesquisas históricas se sobressai o já citado Robert Gordon, que enfatiza a relação entre direito e sociedade e o conceito de mudança histórica no direito e nas idéias jurídicas. Nesse sentido, o objeto da crítica de Gordon é a doutrina sociológica do funcionalismo que, como se sabe, explica a relação entre direito e sociedade prescindindo da dimensão histórica. Essa doutrina teria levado à concepção típica da ciência jurídica liberal que, prescindindo das relações concretas entre os indivíduos e das ligações entre o direito e os outros aspectos da sociedade, vê as normas jurídicas não como são (ou seja, contingentes), mas como regras absolutas e universais[12].

Através de Gordon, os CLS se abrem à sociologia crítica do direito, analisando como o direito é vivido na esfera social concreta. Nesse âmbito, outro expoente dos CLS, Duncan Kennedy, afirmou que o elemento prioritário do direito não é a norma ou a regra, e sim o padrão (*standard*), isto é, a decisão concretamente condicionada. Com efeito, enquanto o apelo à regra reconhece o *status quo*, isto é, consagra a situação existente e leva, por assim dizer, ao conservadorismo, o apelo aos fatos concretos abre caminho para a mudança social. Em outras palavras, enquanto a regra do direito é expressão do individualismo que estrutura a modernidade, o padrão fundamenta-se na comunidade e nos valores compartilhados e possibilita a mediação entre individualismo e altruísmo, que, como dissemos, constitui a antinomia fundamental do liberalismo[13].

Através da crítica às teorias liberais, os expoentes dos CLS chegam a formular propostas "alternativas" ao sistema capitalista, como a de Unger, que apela à revolução cultural do eu, isto é, do sujeito individual concreto. Ao indivíduo desencarnado do liberalismo, ao homem racional da modernidade, que é instrumento do capitalismo, Unger opõe a pessoa concreta e passional, o sujeito individual que se torna condição necessária da transformação das estruturas sociais existentes[14].

2.2. Em posições opostas no plano político encontram-se os expoentes da análise econômica do direito, que, por um lado, reconhecem o utilitarismo de Bentham e Mill como seu ancestral distante e, por outro, se apresentam como descendentes diretos do pragmatismo jurídico americano, representado sobretudo pela "engenharia social" de Roscoe Pound e pelos realistas, nos quais reprovam, porém, a ausência de um bom método de análise econômica.

A partir dessas premissas, Richard Posner (n. 1939) – professor da Universidade de Chicago, juiz federal e principal expoente do movimento, entre cujos precursores estão Ronald Coase e Guido Calabresi[15] – propõe uma teoria jurídica que combina uma ética normativa liberal, uma filosofia pragmática e um método de análise econômica.

No que diz respeito ao primeiro aspecto, a teoria compartilha o princípio da máxima liberdade para cada um compatível com uma igual liberdade para todos; o princípio, derivado de Mill, segundo o qual não cabe ao Estado punir ou reprimir as idéias pessoais ou os comportamentos que não causem dano a terceiros; assim como o favorecimento da igualdade de oportunidades e das medidas econômicas que o Estado deve tomar para garanti-la.

Em relação ao segundo aspecto, a teoria assume a postura instrumentalista, afirmando a necessidade de evitar o recurso a noções metafísicas e abstratas para enfrentar problemas jurídicos, e de privilegiar a análise das possíveis soluções com base nas conseqüências previsíveis e nos possíveis efeitos que elas têm a curto e longo prazo.

No que se refere ao terceiro aspecto, os fundamentos do método de análise econômica são a identificação dos efeitos e o uso, no âmbito jurídico, de importantes instrumentos extraídos da microeconomia (economismo jurídico).

O ponto de partida da análise econômica do direito é a pressuposição de que, analisando-se as ações dos juízes, se descobre que o que eles fizeram, mesmo que inconscientemente, foi elaborar normas para maximizar a riqueza. "Muitas das doutrinas e das instituições do sistema jurídico" – escreve Posner em *Economic Analysis of Law* – "podem ser compreendidas e explicadas melhor como esforços para promover a eficiente alocação de riquezas."[16] Também em sua obra mais recente, *The Problems of Jurisprudence*, que segundo alguns críticos marca a passagem a uma concepção mais cética, Posner sustenta: "não há dúvida de que a maior parte dos juízes (e dos advogados) pensa que o fato que guia as decisões da *common law* deveria ser um senso intuitivo de justiça ou de racionalidade ou um utilitarismo casual. Mas todas essas coisas podem coincidir, e um juiz, posto contra a parede, provavelmente admitiria que aquilo que ele chamava de utilitarismo era o que estou chamando de maximização da riqueza"[17].

Reconhecidas todas essas premissas, Posner propõe que, ao abordar os problemas jurídicos, se levem em conta os efeitos das soluções propostas – a curto e a longo prazo, seja para os indivíduos, seja para o sistema – através de pesquisas empíricas sobre os custos/benefícios e do critério de racionalidade meios/fins.

Em primeiro lugar, portanto, o intérprete deverá identificar todos os possíveis significados atribuídos a uma dada disposição. Numa segunda fase ele deverá antecipar as conseqüências de todas as interpretações encontradas. Enfim, em uma terceira e última fase, deverá escolher a solução que, como um todo, comporta os maiores benefícios. "A essência da decisão interpretativa consiste em considerar as conseqüências de soluções alternativas – escreve Posner. – Não existem interpretações 'logicamente' corretas, a interpretação não é um processo lógico."[18]

É, portanto, necessário que o juiz não esteja muito estritamente obrigado a julgar em conformidade com os precedentes, mas seja livre para julgar de uma maneira nova cada vez que, a partir dos cálculos custos/benefícios, se evidencie que uma decisão inovadora traria maiores vantagens. Aliás, apontar novas soluções, capazes de melhorar o direito existente com base em precisas escolhas de valor, deveria ser um dos objetivos do jurista pragmático. Por isso Posner propõe que se considere o direito não tanto como um conjunto de regras dadas ou como uma série de soluções pré-fabricadas, mas como um conjunto de atividades dos juízes e advogados, destinadas a resolver casos jurídicos reais, e de soluções efetivas dadas a problemas jurídicos concretos.

2.3. A reflexão feminista sobre temas jurídicos é muito ampla e variada, quer com referência às premissas, quer com referência às conclusões.

No plano histórico, a primeira fase do pensamento feminista – que pode ser definida como fase da igualdade – caracteriza-se pela luta pela paridade e pela exigência de um tratamento igualitário capaz de eliminar as discriminações entre mulheres e homens e de afirmar a igualdade entre os sexos. A partir do final dos anos 1970, seguiu-se uma segunda fase, dita da diferença, marcada pela rejeição à lógica, que obriga as mulheres a competir nos moldes e valores tipicamente masculinos, e pela reivindicação da especificidade das características femininas, sem criar contudo um sujeito feminino abstrato, mas valorizando também a diferença de classe, de cultura, de religião e de raça entre as mulheres[19].

No plano jurídico, esse percurso do movimento feminista traduziu-se, na primeira fase, na demanda de tratamento igualitário, através de reformas inclinadas a eliminar formalmente a discriminação entre homens e mulheres. Na segunda fase, consistiu na demanda de tratamento especial, com o objetivo de realizar, através da valorização das diferenças, uma igualdade substancial entre homens e mulheres.

Enfim, no campo da teoria do direito[20], as perspectivas abertas pela reflexão feminista são múltiplas e vão do reconhecimento do papel do direito enquanto instrumento capaz de trazer benefícios às mulheres, passando pela crítica do caráter sexuado das normas jurídicas – construídas com base em modelos, categorias e valores predominantemente masculinos e, portanto, incapazes de refletir a visão e os interesses das mulheres – até um ceticismo radical quanto ao papel emancipador do direito ou a sua capacidade de transformar a condição feminina, na convicção de que os interesses das mulheres seriam mais bem protegidos por uma diminuição da regulamentação jurídica.

A socióloga inglesa Carol Smart identificou três fases das posições feministas em relação ao direito, que podem ser resumidas em três *slogans*: o direito é sexista, o direito é masculino, o direito é sexuado[21].

A primeira fase caracteriza-se pela crítica ao direito vigente, que se apresenta como objetivo, racional, imparcial, mas na verdade discrimina as mulheres. Na segunda fase prevalece a denúncia do direito como intrinsecamente masculino e, na terceira, a reivindicação de um direito das mulheres.

As três fases de Smart também podem ser qualificadas, segundo Minda, como feminismo liberal, feminismo cultural e feminismo radical[22].

Enquanto as feministas *liberais* põem no centro do debate o problema da igualdade/diferença, as feministas culturais, reelaborando as teorias da psicóloga Carol Gilligan (n. 1936), enfatizam a diversidade, a "voz diferente" das mulheres em relação aos homens. Gilligan sustenta que "existe um modo tipicamente feminino de enfrentar os dilemas morais e jurídicos, um modo que foi ignorado ou subestimado na doutrina e nos estudos jurídicos". Para ela, a moralidade feminina é essencialmente a do cuidado (*morality of care*) e da responsabilidade e se diferencia da masculina, caracterizada pelos conceitos de justiça, de igualdade, de eqüidade etc. Assim, enquanto o homem faz as suas escolhas com base em tais princípios, a mulher respalda suas decisões no reconhecimento das diferentes necessidades de cada um e no respeito e na compreensão destas[23].

Esse aspecto da feminilidade foi valorizado também no âmbito jurídico, na busca por caminhos alternativos aos consolidados institucionalmente. A ética do cuidado inspirou, por exemplo, posições feministas de apoio à mediação familiar, entendida como uma modalidade mais flexível de resolução de problemas e conflitos familiares.

A corrente do chamado "feminismo radical", por fim, tem como expoente mais conhecida Catharine MacKinnon (n. 1940). Muito próxima do movimento dos CLS, com o qual compartilha a crítica ao pensamento liberal, ela sustenta, de um lado, a falta de fundamento da idéia da universalidade e neutralidade do direito e, de outro, o seu caráter sexuado e funcional às perspectivas masculinas[24]. Por isso, MacKinnon propõe uma teoria jurídica crítica, que coloque em discussão os fundamentos, os métodos e as categorias da ciência jurídica oficial, e reivindica um novo direito, um direito das mulheres[25].

O movimento feminista, desenvolvido sobretudo nos Estados Unidos, tem uma interessante "filiação" na Europa: a escola escandinava de *Women's Law*, representada em especial por Tove Stang Dahl (n. 1938), professora dessa disciplina na Universidade de Oslo.

Dahl parte do pressuposto de que "o direito não é masculino por estrutura e vocação", e sim por ser historicamente elaborado por homens. Valendo-se, portanto, dos instrumentos críticos da sociologia do direito e de pesquisas empíricas qualitativas e quantitativas, ela se ocupa da promoção de um direito que dê conta da diversidade dos gêneros e se esforce para "compreender a posição jurídica das mulheres, em particular com o objetivo de melhorar a posição na sociedade"[26].

No final dos anos 1980, nos Estados Unidos, desenvolveu-se também uma corrente teórica da diferença racial enraizada na "experiência concreta, na história, na cultura e na tradição intelectual das pessoas de cor", e que tem entre seus expoentes mais representativos Derrick Bell, Richard Delgado e Patricia Williams[27].

Ao lado das feministas que, como vimos, tentam propor uma teoria jurídica caracterizada pela consciência de gênero e pelo reconhecimento dos valores tipicamente femininos, esses estudiosos desenvolvem a sua crítica à teoria do direito tradicional com base na consciência de raça e propõem uma teoria que permita a compreensão concreta dos problemas raciais.

Eles denunciam que a doutrina e a prática dos direitos civis, baseadas numa visão meritocrática e "cega à cor", refletem na verdade uma perspectiva que examina os problemas raciais do ponto de vista da cultura branca, perpetuando assim as injustiças sociais devidas às diferenças raciais.

Os teóricos da diferença racial, assumindo também muitas instâncias do multiculturalismo, do qual falaremos no último capítulo, afirmam a necessidade de novas leis de proteção dos valores da diferença não só racial, mas também cultural em geral, pois só um direito racialmente consciente pode fazer com que os diversos grupos raciais vivam juntos numa sociedade multicultural.

Essas teorias freqüentemente se cruzaram, na realidade americana, com as teorias feministas, produzindo uma crítica feminista negra. Como diz Minda, as feministas negras declaram ter dificuldade em aceitar completamente os discursos das feministas brancas ou dos teóricos da diferença racial negra: "o caráter de intersecção de sua identidade exige que as estudiosas feministas negras de área jurídica formulem, elas mesmas, os seus próprios relatos da complexa situação provocada pela combinação das forças do racismo e do sexismo em suas vidas"[28].

Capítulo III
Os estudos sobre o raciocínio jurídico

Desde os anos 1950, como se sabe, manifestam-se numerosas críticas ao modelo lógico do raciocínio jurídico próprio do antigo positivismo. Tais críticas ressaltam a inadequação e a insuficiência da metodologia lógico-formalista e sublinham a necessidade de elaborar novos instrumentos de pesquisa da argumentação prática, em geral, e jurídica, em particular.

Os nomes mais representativos nesse debate são Stephen E. Toulmin, Theodor Viehweg e Chaïm Perelman, autores que levaram à formulação de propostas teóricas alternativas, tais como a lógica informal, a tópica jurídica e a nova retórica. Essas propostas acabaram se unindo às propostas formuladas no âmbito da hermenêutica jurídica e dos estudos de orientação analítica sobre a estrutura e o uso da linguagem prescritiva.

Durante toda a década de 1960, até o início da década de 1970, assistiu-se à evolução e à definição teórica das correntes antilogicistas da argumentação jurídica, mas também à reação a essas críticas no âmbito das abordagens lógicas, no sentido de uma reflexão interna sobre os pressupostos teóricos da lógica clássica, assim como de uma tentativa de ampliação do campo de aplicação desta última.

Dessas premissas partem os estudos contemporâneos sobre o raciocínio jurídico, cujos principais autores provêm de regiões geográficas e culturas diversas, mas têm em comum uma abordagem hermenêutica e pós-analítica em sentido lato. Além dos já citados Alexy e Dworkin, refiro-me a Aulis Aarnio e Aleksander Peczenik nos países escandinavos, a Neil MacCormick na Grã-Bretanha, a Jerzy Wróblewski na Polônia, bem como a alguns expoentes da escola pós-analítica italiana.

O ponto de partida das teorizações de Aarnio e Peczenik é a teoria da argumentação jurídica de Alexy, delineada, como já mencionamos, na obra de 1978, *Theorie der juristischen Argumentation*. Não por acaso os nomes desses três estudiosos aparecem juntos, como autores do *The Foundation of Legal Reasoning*, geralmente considerado o manifesto da teoria da argumentação jurídica[1].

A teoria da argumentação jurídica de Alexy, como vimos, consiste em uma doutrina procedimental do discurso prático racional geral. A finalidade dessa proposta é uma adequada representação dos procedimentos através dos quais as escolhas jurídicas são justificadas. Nessa visão, os processos justificativos, sejam jurídicos, sejam prático-gerais, são entendidos como atividades dialógicas das quais participam sujeitos que têm interesses diferentes. Assim, o pensador alemão insiste na estrutura discursiva da experiência prática geral e da compreensão jurídica em particular.

Por ser discursivo, o processo de compreensão obedece a normas específicas e modalidades determinadas, que regulam todas as formas do discurso e da argumentação prática. O jurista alemão identifica, assim, um "código" da razão prática, constituído de vinte e oito regras e seis formas de argumento, ao qual aquele que discorre deve necessariamente se adequar para poder justificar sua própria argumentação.

Esse código da razão prática constitui o contexto mais geral em que se desenvolve a atividade de justificação jurídica. Na perspectiva de Alexy esta constitui, portanto, um caso específico do raciocínio prático. Sendo assim, se de um lado a argumentação jurídica ocorre respeitando as regras da justificação prática e não pode violar as normas fundamentais da razão prática, de outro, ela apresenta algumas características específicas, que a diferenciam da justificação prática geral. Essas características específicas são determinadas pela existência de condições particulares, a que se submetem as atividades de argumentação em todos os sistemas jurídicos (condições relacionadas, por exemplo, à existência de procedimentos legislativos de produção do direito, aos precedentes e à dogmática jurídica, que limitam a liberdade de argumentação dos profissionais jurídicos).

Desse modo, Alexy afirma que uma argumentação é correta se, ao ser realizada, respeita determinadas regras racionalmente justificadas. Reconhecer a existência de algumas normas procedimentais que condicionam a argumentação e a interpretação jurídica significa, portanto, poder dispor de uma estrutura indispensável para julgar se uma decisão é correta e não-arbitrária. Todavia, isso não equivale a possuir um instrumento suficiente para garantir a possibilidade de conhecer antecipadamente a decisão interpretativa que resultará daquela argumentação. Para o pensador alemão, os processos jurídicos de interpretação e aplicação do direito podem ser considerados racionais mesmo se não são inteiramente predeterminados e só podem ser submetidos a uma verificação sucessiva, fundada no respeito às regras do discurso racional prático geral e jurídico.

A reflexão de Aulis Aarnio (n. 1937) parte da definição de dogmática jurídica dada pelo pensador escandinavo.

Ele a define como a análise dos conteúdos das normas jurídicas válidas realizada pelos juristas[2]. Evidentemente, essa análise implica a necessidade de formular uma série de proposições normativas, de natureza interpretativa, relativas aos conteúdos do direito vigente. Nessa perspectiva, portanto, o núcleo da atividade dogmática consiste na formulação de juízos interpretativos: assim, a temática da interpretação deve ocupar uma posição central na reflexão do teórico do direito.

No âmbito da reflexão sobre a interpretação a questão mais importante é o problema de avaliar se é possível enunciar proposições interpretativas corretas. Para tanto, é preciso perguntar se a interpretação, enquanto atividade de determinação de significados (mais do que de descrição destes), consiste num conjunto de procedimentos ao qual se pode atribuir a verdade ou, ao menos, a retidão.

Para Aarnio, a possibilidade de considerar a interpretação do direito como uma atividade à qual se pode atribuir retidão é fundamental, uma vez que só é possível garantir o valor da certeza do direito nos casos em que a interpretação pode ser justificada ou considerada correta. Por sua vez, a certeza do direito é considerada não só uma exigência geralmente percebida nas sociedades ocidentais contemporâneas, mas também um valor irrenunciável no contexto destas. Com base nisso, pode-se concluir que a garantia da certeza (e, portanto, a possibilidade de emitir juízos de correção sobre as decisões interpretativas) se torna uma precondição da própria legitimidade do poder.

Todavia, segundo Aarnio, poderia haver aí um motivo aparentemente fundado para se duvidar da possibilidade de considerar a interpretação uma atividade à qual podem ser atribuídas a verdade ou a retidão. Isso com base no argumento de que não é possível identificar uma única resposta correta para cada questão interpretativa individualmente. Na verdade, Aarnio considera que uma mesma disposição normativa, em virtude do caráter pluralista e complexo das sociedades ocidentais contemporâneas, pode efetivamente receber interpretações diferentes, sem que alguma possa ser considerada legitimamente mais correta que as demais do ponto de vista substancial. No entanto, segundo o pensador escandinavo, essa tese cética não nos permite concluir que a interpretação é uma atividade arbitrária e não suscetível de ser julgada correta ou não.

De fato, na perspectiva de Aarnio a correção da interpretação não depende da possibilidade de determinar a existência de uma única resposta correta, e sim da possibilidade de justificar racionalmente as decisões interpretativas. Ainda que às vezes essas decisões não sejam as únicas possíveis, o processo interpretativo pode ser considerado não-arbitrário (e, portanto, correto) se respeita determinados critérios ou cânones gerais predeterminados, com base nos quais pode ser justificado. Segundo esse ponto de vista, a própria justificação garante que a decisão interpretativa é apropriada e, assim, que a atividade de interpretação em si mesma é de caráter não-arbitrário. De fato, a possibilidade de justificar as decisões com base em critérios prefixados é suficiente para excluir a absoluta subjetividade das interpretações e, desta maneira, para limitar a multiplicação descontrolada dos significados jurídicos. Em tal visão, portanto, há uma estreita conexão entre teoria da ciência jurídica, teoria da interpretação e teoria da justificação jurídica[3].

A teoria da justificação jurídica proposta por Aarnio procura sintetizar três tradições de pensamento: a da nova retórica de Perelman, aquela segundo Wittgenstein e a de Habermas. Essa teoria parte do pressuposto de que a racionalidade lógica (que consiste no respeito às regras da lógica formal) não esgota o campo da racionalidade aplicável ao direito. Ao lado da razão lógico-formal está também a razão dialética. É justamente esta última que desempenha o papel mais importante para a justificação dos juízos interpretativos. A idéia de racionalidade dialética remete à conformidade com uma série de parâmetros, entre os quais ocupa uma posição particular o critério de congruência (*coherence*). De fato, para que uma decisão possa ser considerada justificada, ela deve demonstrar, em primeiro lugar, que é congruente com o direito preexistente e que está em harmonia com as disposições jurídicas gerais e com as decisões interpretativas precedentes que pertencem ao mesmo sistema jurídico. No entanto, embora o teste de congruência seja necessário, ele não é suficiente para garantir a plena justificação da decisão interpretativa. Daí a necessidade de recorrer a outros requisitos que podem ser sintetizados no requisito mais abrangente da razoabilidade ou aceitabilidade substancial da solução proposta. Com esse termo, Aarnio entende a necessidade de que as soluções jurídicas particulares sejam conformes à imagem de mundo própria de certa forma de vida, isto é, aos valores de justiça substancial próprios de determinada sociedade. As noções de "imagem do mundo" e de "forma de vida" remontam a Wittgenstein. Elas remetem à possibilidade de encontrar no interior de uma sociedade uma estrutura comum do pensar e do agir humano, um conjunto de convicções e valores compartilhados. Assim, na perspectiva de Aarnio, uma solução interpretativa pode ser considerada justificada, em última análise, quando é possível demonstrar que ela é compatível com e, em certa medida, determinada pelo sistema axiológico compartilhado, ao menos em suas linhas fundamentais, por certa comunidade de falantes (auditório ideal particular).

Aleksander Peczenik (1937-2005) parte de uma concepção do direito como fenômeno constituído não só de regras em sentido estrito, mas também de princípios, fins, valores e ideais contidos em documentos normativos produzidos por sujeitos diferenciados em virtude de suas funções e de seu tipo de poder. Conseqüentemente, o direito não é uma entidade já dada e disponível, que o operador do direito encontra "pré-fabricada", pronta para o uso. Ele é antes uma construção do operador, que deve encontrar, em relação ao caso concreto, a combinação correta entre fatores diversos. Desse modo, Peczenik necessariamente acaba por afirmar o caráter onipresente dos procedimentos argumentativos no direito. Com efeito, é através da atividade de argumentação que os diversos componentes jurídicos podem ser identificados e combinados entre si, com relação ao caso concreto. Portanto, uma forma mais ou menos articulada de raciocínio jurídico está implícita em cada uma das principais atividades do jurista.

Essas atividades, segundo Peczenik, podem ser resumidas em duas tipologias fundamentais: a enunciação de juízos de validade (por sua vez ulteriormente distinguíveis, dependendo do objeto, em juízos referentes à validade, e portanto à identificação, do sistema jurídico, e em juízos referentes à validade de cada norma no interior de um ordenamento jurídico válido) e a enunciação de juízos interpretativos. Tanto as determinações do direito válido quanto as decisões relativas à interpretação correta exigem um raciocínio cuja natureza não é exclusivamente lógico-dedutiva. De fato, Peczenik afirma que, tanto para estabelecer a validade quanto no âmbito da atividade interpretativa, são indispensáveis algumas transformações, alguns "saltos" (*jumps*). Com essa expressão, o autor pretende se referir ao fato de que as passagens argumentativas necessárias para extrair conclusões jurídicas válidas ou para atribuir a um texto o conteúdo de significado correto não são logicamente contínuas, mas exigem um salto lógico, vale dizer, a realização de operações em parte valorativas e não justificáveis dedutivamente.

Segundo Peczenik, tais operações, mesmo não sendo processos dedutivos, não configuram atos arbitrários. Visando à sua não-arbitrariedade, todavia, elas precisam respeitar alguns critérios de racionalidade, indicados pelo próprio autor. Tais parâmetros podem por sua vez ser resumidos em três formas gerais de racionalidade: a racionalidade lógica (*L-rationality*), a racionalidade de suporte (*S-rationality*) e a racionalidade dialética (*D-rationality*).

A racionalidade lógica está relacionada com a necessidade de que as transformações ou "saltos", mesmo sem ser dedutivos, por um lado, não violem o princípio (lógico) fundamental de não-contradição (*consistency*) e, por outro, não violem as regras de uso da linguagem geralmente reconhecidas como corretas numa determinada sociedade.

A racionalidade de suporte é atendida desde que a transformação respeite o requisito da congruência (*coherence*).

Finalmente, a racionalidade dialética está relacionada com a possibilidade de chegar a um consenso no grupo social em que ocorrem as transformações.

A aceitabilidade social que Peczenik considera necessária à justificação discursiva das transformações não é uma aceitabilidade empírica (que em última instância poderia ser igualmente obtida por coerção ou por erro), e sim uma aceitabilidade ideal. Com essa expressão, pretende-se aludir à aceitação geral que pode constituir o produto de um processo argumentativo que respeita as regras que disciplinam o discurso ideal, definido nos termos próprios da teoria do discurso racional prático elaborada por Alexy[4].

Neil MacCormick, cuja concepção neo-institucionalista já expusemos, considera a doutrina do raciocínio jurídico estritamente complementar à teoria do direito[5].

Segundo o autor escocês, o estudo do raciocínio jurídico tem por objeto o conjunto das práticas argumentativas compartilhadas pelos juízes. Esse conjunto é centrado na forma e na estrutura da argumentação, mais do que em seus conteúdos: pode ser definido, portanto, como uma teoria procedimental do raciocínio jurídico.

No que diz respeito à forma, MacCormick entende que, para que possa ser considerado racional, o raciocínio jurídico deve satisfazer o princípio de universalidade e não deve contradizer as leis da lógica formal. O caráter lógico do raciocínio jurídico manifesta-se no fato de que, às vezes, a argumentação que justifica uma decisão pode ocorrer inteiramente em forma de silogismo (*easy cases*). Além disso, também nos casos em que a justificação silogística não é possível e a argumentação assume uma estrutura mais complexa, o vínculo com a lógica formal não desaparece, já que o raciocínio justificativo não deve violar de modo algum o princípio lógico de não-contradição. Todavia, nos *hard cases* a dedução não é um critério de justificação suficiente, e torna-se indispensável recorrer ao que o pensador escocês chama de justificação de segundo grau, cuja finalidade é demonstrar que as premissas dos processos dedutivos não são fixadas de modo arbitrário, mas são fruto de uma cadeia argumentativa racionalmente justificável.

Os critérios de justificação de segundo grau elaborados por MacCormick são os de *consistency, coherence* e *consequentialist argument*. Esses argumentos podem ser relacionados com a idéia mais abrangente de que as decisões tomadas por meio do raciocínio jurídico devem "fazer sentido" no sistema jurídico a que se referem ou no mundo. Para "fazer sentido" no sistema de direito, as decisões devem ser coerentes e congruentes com os conteúdos deste (requisitos de *consistency* e de *coherence*); para "fazer sentido" no mundo, elas devem produzir conseqüências aceitáveis (requisito de *consequentialist argument*). Na medida em que tais parâmetros são atendidos, o raciocínio jurídico é racional, mesmo não sendo dedutivo.

Em outros termos, para MacCormick, uma decisão pode ser racionalmente justificada mesmo quando não é derivada dedutivamente das normas gerais do sistema, desde que seja coerente e congruente com o direito preexistente e tenha conseqüências aceitáveis.

O problema da interpretação do direito esteve no centro da obra do polonês Jerzy Wróblewski (1926-1990). No decorrer de sua longa atividade de estudioso, que iniciou com pouco mais de vinte anos na Universidade de Cracóvia e, posteriormente, na de Lódz´, ele elaborou uma teoria da interpretação completa. Essa teoria diferencia interpretação *latissimo sensu* – que distingue as "ciências culturais" daquelas que têm por objeto não a cultura, mas a natureza –, interpretação *lato sensu* – entendida como compreensão em geral do texto jurídico – e interpretação *stricto sensu* – relativa a textos ambíguos, vagos, ou de alguma forma pouco claros, isto é, desprovidos de um "significado imediatamente dado". A interpretação tem por finalidade precípua tornar tais textos efetivamente aproveitáveis para o problema jurídico a ser resolvido.

No último nível, entra em jogo o que Wróblewski define como uma "interpretação operativa". O ponto de partida consiste na identificação de uma dúvida relativa ao significado da norma a ser aplicada. Essa dúvida tem um caráter estritamente pragmático e está ligada ao uso concreto da linguagem normativa diante da dificuldade de qualificação jurídica dos fatos que caracterizam o caso em questão. O segundo momento consiste no uso de regras interpretativas de primeiro nível, que especificam o modo como o significado ambíguo de uma norma deve ser determinado pragmaticamente, levando em conta os contextos semânticos fundamentais que lhe dizem respeito. Nesse sentido, Wróblewski identifica três tipos de contextos: o lingüístico (relacionado estritamente aos aspectos sintáticos, semânticos e pragmáticos da linguagem jurídica), o sistemático (referente às relações de uma norma com as outras normas pertencentes ao sistema normativo) e o funcional (referente a um conjunto complexo de fatores de tipo sociopolítico, econômico e valorativo).

Se o uso das regras de primeiro nível é satisfatório, é possível formular a decisão interpretativa e estabelecer o significado concreto da norma em questão. Caso contrário, é preciso recorrer às regras interpretativas de segundo nível. Estas definem essencialmente modos de utilizar as regras de primeiro nível. Para tanto, existem as normas de processo (que determinam uma possível ordem no uso das regras de primeiro nível) e as regras de preferência (que fornecem critérios de escolha entre diversos significados da norma em questão, obtidos ao se aplicar as regras de primeiro nível).

Wróblewski formula, além disso, a distinção entre justificação *interna* e *externa* das decisões judiciais. Tal distinção assume uma importância particular em relação ao uso do modelo silogístico e, mais genericamente, da lógica em contextos jurídicos. Em termos esquemáticos, pode-se dizer que, enquanto a justificação interna exige coerência entre as premissas da decisão e a própria decisão, a justificação externa diz respeito à racionalidade da determinação das premissas. Na primeira, um modelo de tipo lógico-formal pode desempenhar um papel fundamental e tem valor de justificação, enquanto na segunda o critério de racionalidade da decisão dificilmente pode ser reduzido a uma simples operação lógica.

De modo geral, segundo Wróblewski, uma teoria da interpretação não pode garantir um resultado seguro para cada problema jurídico. As teorias que são (ou pretendem ser) suficientemente ricas e completas para poder fornecer de maneira ideal a base para a solução de cada dúvida interpretativa são definidas por Wróblewski como "teorias normativas da interpretação" (em contraposição às teorias puramente descritivas).

No interior das teorias normativas, em particular, Wróblewski distingue entre teorias estáticas e teorias dinâmicas. As primeiras ficam como valor à estabilidade na definição do significado das normas jurídicas (por exemplo, a *Begriffsjurisprudenz*); as segundas tendem a favorecer sua instabilidade com base em critérios sociofuncionais (por exemplo, as correntes antiformalistas radicais)[6].

Uma abordagem particular dos temas da interpretação provém de um movimento que se afirmou sobretudo nos Estados Unidos nos anos 1980, conhecido como "direito e literatura"[7]. Nele é possível identificar, ao menos no início, duas linhas diferentes, definidas como "direito na literatura" e "direito como literatura", ou "literatura no direito". Muito sinteticamente, a primeira sustenta que os grandes clássicos da literatura oferecem contribuições importantes para a compreensão do direito[8]; a segunda, por sua vez, aplica aos textos jurídicos métodos e instrumentos de análise e de interpretação elaborados pela crítica literária, partindo da premissa de que o direito é uma história a ser interpretada como qualquer outra história literária.

Estudiosos como Stanley Fish, Owen Fiss, Sanford Levinson e o próprio Ronald Dworkin[9] valeram-se dessa perspectiva, sobretudo no âmbito do direito constitucional, para elaborar uma forma de teoria interpretativa que pode ser aproximada, em alguns aspectos, tanto da semiótica jurídica[10] quanto da hermenêutica jurídica.

A aplicação dos métodos da análise literária ao texto jurídico leva, substancialmente, à exaltação do papel do intérprete, compreendido como produtor do significado do texto, e, conseqüentemente, à qualificação da interpretação como atividade criativa e não declarativa, contrariando assim as concepções juspositivistas.

Na Itália, o debate sobre a interpretação e, mais genericamente, sobre o raciocínio jurídico foi fortemente estimulado nas últimas décadas pela difusão dos enfoques jusrealistas no plano teórico e pela crise da justiça no plano histórico.

É um livro de Giovanni Tarello, *Diritto, enunciati ed usi. Studi di teoria e metateoria del diritto*, que chama a atenção para o tema[11].

Como dissemos, Tarello, partindo do estudo do realismo americano, desenvolve uma teoria realista do direito baseada numa concepção da norma entendida, por um lado, como enunciado normativo, ou seja, como expressão lingüística apta a ser interpretada em sentido normativo e, por outro lado, como o conteúdo de significado normativo passível de extrair de um enunciado. Tal noção de norma é útil a uma teoria da interpretação concebida não como atividade cognitiva, mas como atividade produtora de normas.

A discussão iniciada por Tarello desenvolveu-se posteriormente através do confronto entre posições neoformalistas e posições neocéticas. Entre os representantes das primeiras, pode-se citar Mario Jori (n. 1946), que, reelaborando o pensamento de Uberto Scarpelli, seu mestre, e de Herbert Hart, com quem aperfeiçoou seus estudos depois de se formar, apresenta uma proposta metodológica original, o chamado *normativismo aberto*, considerado como a terceira via entre normativismo estrito e realismo. Partindo do exemplo de Hart, Jori afirma que as disposições normativas costumam apresentar um núcleo certo de significado que o intérprete compreende e pode descrever. Esse núcleo mais ou menos amplo é sempre acompanhado de áreas de imprecisão e de incerteza a propósito das quais o intérprete deve fazer algumas escolhas[12].

Entre os representantes das posições neocéticas pode-se indicar Riccardo Guastini, aluno de Tarello, para quem interpretar não é conhecer as normas, mas produzi-las. Retomando a famosa distinção de Alf Ross entre interpretação como resultado e como atividade, ele define a interpretação como a operação que consiste em extrair normas a partir de disposições do legislador ou de outra atividade normativa[13].

O tema da interpretação foi debatido também, e de modo particular, por filósofos de orientação hermenêutica como Giuseppe Zaccaria (n. 1947) e Francesco Viola (n. 1942), convencidos de que a teoria da interpretação não apenas é o tema central no conhecimento e na prática do direito, mas também pode dar boas contribuições para a descrição e a definição do direito.

A hermenêutica jurídica, a não ser por Emilio Betti, não tem uma tradição na Itália e, portanto, inspira-se em modelos alemães (em particular Gadamer e Esser) e, mais recentemente, anglo-saxões (MacCormick e Dworkin). Desenvolveu-se ao longo de duas diretrizes entre si complementares: por um aspecto, concentrou-se na interpretação judicial e na análise jurídica da relação entre questões de fato e questões de direito (Zaccaria)[14]; por outro, desenvolveu a reflexão sobre o direito como prática social (Viola)[15].

Capítulo IV
Os estudos de lógica jurídica

Nos anos 1950, a difusão da filosofia analítica favoreceu um renovado interesse entre os filósofos do direito – já orientados para uma teoria formalista do direito de origem kelseniana – pelos estudos de lógica jurídica, entendida como lógica das normas e/ou das proposições normativas[1].

Aliás, a crise do positivismo jurídico formalista das últimas décadas não envolveu a abordagem analítica. Ao contrário, esta aprimorou seus próprios instrumentos lógicos e metodológicos e assim continuou a orientar numerosos estudiosos, que preservaram o interesse pelos estudos de lógica jurídica. Esses estudos, como veremos, em parte desembocaram na nova disciplina da informática jurídica[2].

Um dos centros mais significativos para esse tipo de estudos é o Instituto de Filosofia e Direito da Universidade de Buenos Aires, dirigido, depois da aposentadoria de Cossio, por Ambrosio L. Gioja (1912-1971), um aluno de Cossio que conhecera Hans Kelsen nos Estados Unidos e se aproximara da filosofia analítica.

Em torno dele, nos anos 1960, formou-se uma importante escola de orientação analítica, da qual fizeram parte, entre outros, Carlos Alchourrón (1931-1996), Eugenio

Bulygin (n. 1931), Genaro Carrió (1922-1997) e Roberto Vernengo (n. 1926)[3].

Uma das obras mais significativas produzida por esse círculo de estudiosos é a célebre monografia de Alchourrón e Bulygin, *Normative Systems*[4]. O objetivo principal dos dois autores é esclarecer a noção de "sistema jurídico", definida, a partir da noção clássica de sistema dedutivo, como o conjunto dos enunciados jurídicos (as normas) que constituem a base axiomática do sistema, bem como de todas as suas conseqüências lógicas.

Por sua vez, as normas são definidas como enunciados *condicionais* que vinculam certas circunstâncias factuais ("casos" ou "fatispécies") a determinadas conseqüências jurídicas (soluções). Além disso, as normas são entendidas como expressões lingüísticas, portanto como enunciados significantes, isto é, dotados de um significado definido e constante.

Conseqüentemente, a sistematização do direito consiste na solução dos casos genéricos mediante a derivação das conseqüências lógicas do conjunto das normas jurídicas. Cada eventual reformulação do sistema jurídico segue sempre a identificação e a delimitação dos enunciados de base axiomática.

Ademais, a noção de sistema como conjunto de normas que mantêm certas relações entre si permite redefinir de modo rigoroso os conceitos de "completude" e "coerência", a partir dos quais é possível obter noções adequadas de *lacuna* e *incoerência* (antinomia) do sistema[5]. Com efeito, pode-se dizer que há uma lacuna em relação a um caso quando para este não existe uma solução, isto é, quando não é possível vincular a ele nenhuma conseqüência. Um sistema normativo é considerado incompleto, portanto, se, e somente se, contém ao menos uma lacuna. A incoerência, por sua vez, ocorre quando um sistema atribui a um mesmo caso duas ou mais soluções, de tal modo que a conjunção das soluções origina uma contradição normativa ou antinomia.

Como asseverou Alchourrón num de seus últimos ensaios[6], pode-se empregar a lógica para avaliar a coerência e a completude de um sistema jurídico, mas ela não tem nenhuma serventia quando se trata de corrigir lacunas ou incoerências. A solução só pode ser de natureza estritamente jurídica. De fato, o problema das lacunas jurídicas está ligado ao problema da natureza da decisão judicial, que os dois autores analisam na última parte de *Normative Systems.* Eles definem a solução de conflitos como um dos objetivos fundamentais do direito. Para sua realização, não basta o chamado sistema jurídico "primário", que consiste no conjunto das normas para solucionar os casos genéricos, mas é preciso introduzir a chamada *jurisdição obrigatória.* Esta permite distinguir o sistema primário, destinado aos sujeitos jurídicos, do "secundário", destinado ao juiz. Dentre as normas que estabelecem obrigações para os juízes estão tanto a que impõe a obrigação de julgar, quanto a que impõe a obrigação de fundamentar a decisão no direito. Esta norma, portanto, é uma ponte entre sistema primário e secundário.

O ideal dedutivista, que segundo Alchourrón e Bulygin caracteriza essencialmente a ciência jurídica, nasce de razões tanto teóricas quanto políticas, sintetizáveis em três princípios: 1) o princípio de *inevitabilidade* (*unavoidability*), segundo o qual os juízes têm a obrigação de resolver todos os casos que se apresentem na sua esfera de competência (tal princípio retoma evidentemente o da jurisdição obrigatória acima mencionado); 2) o princípio de *justificação*, segundo o qual os juízes devem justificar as próprias decisões e provar a sua não-arbitrariedade; e, enfim, 3) o princípio de *legalidade*, segundo o qual as decisões judiciais devem ser fundamentadas nas leis do Estado.

Tais princípios se acrescentam aos postulados de completude e coerência do sistema jurídico, que podem garantir, juntamente com os primeiros, aquilo que é pressuposto pelo próprio conceito de sistema jurídico, a saber, os ideais políticos de segurança e igualdade formal. O postulado de completude faz com que o conteúdo de uma decisão judicial seja uma conseqüência lógica das premissas que a fundamentam.

Todavia, dado que um sistema é o conjunto das normas, ou seja, dos significados da expressão lingüística do texto legislativo, surgem as bem conhecidas dificuldades decorrentes da ambigüidade e da imprecisão intrínsecas à linguagem natural. Esta consideração motivou a inclusão, nas temáticas de Alchourrón, da noção da chamada "defectibilidade" (*defeasibility*) do raciocínio normativo, e em particular do jurídico[7]. Essa característica identifica o fato de que o raciocínio jurídico se baseia em premissas passíveis de revisão e de que a cada controvérsia jurídica ocorrem confrontos e avaliações que levam a conclusões apenas provisórias, muitas vezes baseadas em indicações limitadas ou até mesmo incoerentes. De fato, as premissas não são constituídas apenas de normas abstratas e gerais, que podem subentender condições não expressamente formuladas, mas consistem também na exposição do caso concreto, que é fruto de uma investigação indutiva dotada de validade apenas provável. O caráter provisório das conclusões da argumentação jurídica deve-se, portanto, à singular combinação de regras e exceções muitas vezes implícitas na norma.

A partir da análise, ainda que sumária, dos estudos de Alchourrón e Bulygin percebe-se que o interesse dos dois autores pouco a pouco se deslocou do sistema enquanto tal para as atividades de sistematização com as quais os juristas o constroem: daí a importância das suas contribuições também no âmbito dos estudos sobre o raciocínio jurídico.

Entre os estudiosos europeus que se ocuparam de lógica jurídica, vale recordar Lars Lindahl, Arend Soeteman, Ota Weinberger e Georg Henrik von Wright, um dos pioneiros da lógica jurídica nos anos 1950.

Grande parte da produção do sueco Lars Lindahl (n. 1936) tem por objeto a aplicação da lógica formal a questões estritamente jurídicas, ou seja, a temáticas que, mesmo se sobrepondo de algum modo aos usuais desdobramentos autônomos da lógica deôntica, assumem sua própria posição na teoria do direito e, em particular, na análise formal dos conceitos jurídicos fundamentais.

Destaca-se, nesse sentido, a teoria das "condições jurídicas" (*legal positions*) que Lindahl desenvolveu a partir dos anos 1970, inspirado em alguns trabalhos pioneiros de Stig Gustav Kanger[8]. Ele tenta combinar e aplicar concomitantemente a lógica deôntica e a lógica da ação para uma formalização do que Wesley N. Hohfeld definiu como "conceitos jurídicos fundamentais", como "dever", "direito", "responsabilidade", "poder" etc.[9].

Um dos aspectos mais relevantes dessa teoria consiste na definição de um método para conectar e para descrever de modo sistemático o espaço de todas as possíveis relações lógico-normativas entre dois agentes em relação a algumas tipologias de ação.

Esse método levou, em primeiro lugar, a uma classificação de todas as possíveis condições jurídicas relativas a um sujeito enquanto tal ou a um sujeito com relação a outro e, em segundo lugar, à análise das dinâmicas jurídicas concernentes aos casos em que a condição de um ou mais sujeitos sofre uma modificação através de ações específicas como a promessa, o contrato, a decisão de uma autoridade etc.

Em substancial continuidade com essa linha de pesquisa, o estudioso sueco dedicou as suas contribuições mais recentes à análise dos "conceitos intermediários", ou seja, de noções como "proprietário", "posse", "cidadão" etc., que, no interior de um sistema normativo, "fazem a mediação" e estabelecem conexões particulares entre condições descritivas relativas a fatos e específicas conseqüências jurídicas. Lindahl propôs uma definição precisa e rigorosa de tais conexões normativas, mostrando que elas se referem a estruturas conceituais complexas e, tecnicamente, assumem a forma de relações entre reticulados algébricos[10].

O holandês Arend Soeteman (n. 1944) desenvolveu uma análise detalhada do conceito de "razoabilidade" no raciocínio jurídico, utilizando os instrumentos da lógica formal.

Soeteman afirma que existe uma margem ineliminável de imponderabilidade na fundamentação e na justificação das premissas de todo processo racional e inferencial. No entanto, se de um lado é certamente verdade que a lógica, por sua natureza, não pode oferecer uma solução certa a tais problemas, de outro ela permite analisar e esclarecer as próprias premissas, de modo que seja possível atingir um consenso racionalmente fundado no conteúdo substancial destas.

Em geral, a lógica não pode encarregar-se do conteúdo de cada decisão jurídica, mas ainda assim deve ser considerada um instrumento indispensável e necessário, embora não suficiente, para o controle e a justificação de tais decisões. O espaço remanescente, do qual a lógica formal não pode tratar, deixa o campo aberto para outras formas de raciocínio. Contudo, a explicitação de possíveis argumentos alternativos em relação a um caso por decidir configura soluções inconsistentes entre si e, portanto, perceptíveis como contradições lógicas. Também nesses casos, a lógica mostra-se um instrumento indispensável para poder aceitar as conseqüências de toda decisão judicial.

Partindo dessas bases gerais, Soeteman propôs uma análise lógico-formal de numerosas questões relativas ao raciocínio jurídico e normativo, como o *status* dos juízos normativos, a estrutura das normas condicionais, a natureza dos operadores deônticos e a solução de alguns paradoxos que a própria lógica deôntica evidenciou[11].

Ota Weinberger, cuja contribuição às teorias neo-institucionalistas já consideramos aqui, em numerosos escritos ocupou-se especificamente de problemas de lógica jurídica, demonstrando certo ceticismo em relação à lógica deôntica clássica. Tal ceticismo, aliás, não implica a impossibilidade de definir uma genuína lógica das normas. Ao contrário, para o estudioso tcheco, essa lógica é condição necessária para a existência da própria teoria do direito. O mecanismo da subsunção, a noção de unidade racional do ordenamento, em termos de compatibilidade entre enunciados normativos, por exemplo, não poderiam ser objeto de uma pesquisa séria se não existisse um modelo lógico-formal de análise do direito.

Segundo Weinberger, porém, é importante, antes de tudo, introduzir novas definições dos conceitos normativos, que não reproduzam a conhecida leitura em termos de modalidades aléticas, proposta pela lógica deôntica. Em segundo lugar, parece igualmente fundamental uma análise adequada dos condicionais normativos: é oportuno, portanto, fornecer uma noção específica de condicional, que se adapte às dinâmicas inferenciais em sistemas de normas e se destaque das concepções comuns desenvolvidas pela lógica clássica nesse sentido[12]. Weinberger, por exemplo, se orienta para uma extensão da noção tradicional de inferência. Todo mecanismo inferencial não deve necessariamente envolver estruturas lingüísticas verdadeiras ou falsas, mas, de maneira mais geral, deve referir-se a uma noção de conseqüência lógica baseada numa avaliação dicotômica de cada enunciado considerado. Assim, como uma norma pode ser válida ou inválida (e é portanto objeto de avaliação dicotômica), será possível construir inferências nas quais se verificam tanto enunciados normativos válidos/inválidos quanto enunciados descritivos verdadeiros/falsos.

Em concordância com isso, ao abordar o tema clássico da validade do direito, Weinberger introduziu o chamado "princípio de co-validade", com base no qual são válidos também todos os enunciados normativos que podem ser obtidos por inferência lógica a partir de outras normas válidas ou da combinação destas últimas com enunciados descritivos.

Last but not least, o finlandês Georg Henrik von Wright (1916-2004), após as obras fundamentais dos anos 1960, *Norm and Action. A Logical Inquiry* e *An Essay in Deontic Logic and the General Theory of Action*[13], abandona a preocupação com os aspectos formais da lógica deôntica e se dedica ao "problema filosófico da lógica das normas". Nas obras citadas, Von Wright desenvolvera a idéia de que, visto que as normas não possuem um valor da verdade, uma lógica das normas é possível como lógica de proposições normativas (ou seja, de proposições descritivas, verdadeiras ou falsas, sobre a existência ou a vigência das normas). Posteriormente, prosseguindo seu percurso no labirinto da lógica deôntica, o autor finlandês chega a uma teoria da racionalidade normativa.

Uma vez adotada uma visão "não-cognitivista das normas e dos valores", que, como ele próprio admite, remete ao último Kelsen e a Axel Hägerström, o estudioso finlandês considera as normas não mais como entidades absolutas, mas como componentes de um *corpus* de normas promulgadas por uma autoridade normativa racional. Por conseguinte, a lógica das normas não é mais concebida como lógica em sentido estrito, e sim como expressão de uma concepção, ou melhor, de um ideal de racionalidade normativa. "Os céticos positivistas que, como Alf Ross" – escreve Von Wright –, "duvidaram da possibilidade de uma lógica deôntica, tinham razão sob um aspecto relevante ao sustentar que *as normas não têm lógica*, ou que o discurso normativo é alógico. Mas a atividade legislativa, e também as próprias normas, podem ser julgadas por vários aspectos e padrões de *racionalidade*."[14]

Na Itália, entre os maiores estudiosos de lógica jurídica, recordamos Amedeo Giovanni Conte (n. 1934), aluno de Bobbio, que em seus primeiros estudos se concentrou em temáticas da teoria geral do direito relativas ao ordenamento jurídico, tais como a validade, a completude e a coerência[15], demonstrando um interesse especial por aspectos lógicos, que depois se tornaram predominantes na sua produção sucessiva. Esta se orientou, também sob a influência de Wittgenstein, para a construção de uma teoria das regras constitutivas[16], na qual convergem importantes e complexas temáticas, que vão além do contexto estritamente jurídico, atingindo o âmbito mais amplo da filosofia da linguagem e da ação, no que diz respeito ao significado das ações e dos comportamentos humanos, bem como à sua descrição e explicação.

O interesse pela análise lógica dos sistemas normativos aproxima o pensamento de Conte do de Gaetano Carcaterra (n. 1933), autor de formação diferente, estudioso da fenomenologia de Husserl e da filosofia da linguagem inglesa de J. L. Austin a J. Searle. Carcaterra, questionando as concepções imperativistas e prescritivistas, reconhece na "constitutividade" a característica primária de todas as normas. O sistema jurídico é, de fato, um produto cultural e, como todo produto cultural, é o resultado da atividade humana que sobrevive aos seus criadores: cada ato normativo produz um efeito sobre o sistema jurídico, "constituindo", ou seja, modificando seu conteúdo[17].

Finalmente, é peculiar a abordagem de Alessandro Giuliani (1925-1997), que, na esteira de Riccardo Orestano, opondo-se ao ideal de uma "ciência sem história", considera o estudo histórico como estudo do aspecto constitutivo da experiência jurídica. À luz dessas premissas metodológicas, Giuliani realizou importantes pesquisas sobre a lógica jurídica, a justiça, os juízes, a teoria do processo[18].

Capítulo V
Novas fronteiras para a filosofia do direito

Nos últimos quarenta anos a sociedade passou por transformações profundas e muito rápidas: a informática entrou na vida de todos em vários níveis, provocando uma espécie de revolução que alguns comparam à produzida pela introdução da imprensa; a pesquisa no âmbito médico e, mais em geral, no âmbito científico permite possibilidades cada dia maiores de dominar a natureza (fecundação artificial, transplantes de órgãos, clonagem etc.), gerando lancinantes interrogações concernentes aos limites da intervenção sobre a vida humana e não-humana; os grandes fluxos migratórios dos países mais pobres para os países industrializados mudaram a fisionomia dos velhos Estados nacionais, determinando uma situação de marcado pluralismo jurídico e abalando conceitos consolidados como os de soberania, cidadania etc.

Todos esses fenômenos abriram novas fronteiras para os estudiosos e também para os filósofos do direito.

1. Quanto à informática, as primeiras aplicações ao direito remontam ao final dos anos 1940[1], mas somente entre os anos 1960 e 1970 foram criados os primeiros bancos de dados jurídicos e os primeiros arquivos informatizados da administração pública.

Os anos 1980, por sua vez, viram o desenvolvimento de novas formas de documentação jurídica automática, ligadas à edição eletrônica, à realização de grandes sistemas informativos no âmbito jurídico e administrativo, e sobretudo à difusão capilar da informática nas atividades de escritório, graças aos microcomputadores.

Assim, a informática jurídica modificou profundamente alguns aspectos do trabalho do jurista (como a pesquisa documental) e das atividades suplementares desse trabalho (como o gerenciamento da contabilidade, o arquivamento, a redação e a transmissão de documentos). A maior parte das atividades jurídicas se desenvolve, hoje, graças à interação com os computadores, e até instrumentos informáticos simples e agora relativamente padronizados (como os editores de texto, as planilhas eletrônicas e os banco de dados) mostraram-se capazes de influenciar profundamente a prática do direito.

Outra transformação da prática do direito está ocorrendo hoje graças às novas tecnologias da telemática e da internet, que revolucionaram as modalidades de acesso à informação jurídica e de interação entre os diversos operadores do direito (por exemplo, entre juízes, advogados, escrivães, administradores públicos), bem como entre juristas e cidadãos.

Ainda que as mudanças na prática jurídica que acabamos de descrever tenham sido profundas e muito difundidas (e, portanto, possam fornecer matéria de estudo tanto para a sociologia jurídica quanto para o direito positivo), por si sós não justificariam a consideração da informática jurídica entre as novas fronteiras da filosofia do direito.

A esse propósito, devemos observar as contribuições específicas que a informática jurídica soube fornecer ao progresso da reflexão filosófico-jurídica.

Entre o final dos anos 1960 e o início dos anos 1970, a informática jurídica suscitou certo interesse em estudiosos de teoria do direito, os quais acreditavam que as metodologias da informática e da cibernética poderiam revolucionar os estudos jurídicos.

Todavia, bem cedo se percebeu que a informática da época só podia dar uma contribuição muito limitada às ciências jurídicas: seus instrumentos tecnológicos não eram passíveis de aplicação significativa no âmbito da decisão jurídica (para além da pesquisa por textos jurídicos em arquivos eletrônicos); seus formalismos não representavam progressos substanciais em relação à lógica simbólica, da qual, aliás, derivavam; os modelos cibernéticos do direito representavam, na maior parte dos casos, reformulações incompreensíveis de velhas problemáticas.

Ao entusiasmo teórico e filosófico-cibernético da aurora da informática jurídica seguiu-se então uma fase de desilusão e de cautela, em que as ambições teóricas foram deixadas de lado em favor de aspectos aplicativos.

O renascimento do interesse pelos estudos informático-jurídicos de tipo teórico se deu a partir da segunda metade dos anos 1980 e foi determinado sobretudo pelo surgimento da nova disciplina da inteligência artificial (ciência dedicada a desenvolver modelos computacionais do comportamento inteligente). Esta veio a enfrentar, de novas maneiras, clássicos temas filosóficos como os dos conteúdos e das estruturas do conhecimento, das formas dos procedimentos cognitivos, das estruturas lingüísticas e de sua relação com a realidade. Em especial, constituiu-se um campo interdisciplinar denominado "inteligência artificial e direito" (*artificial intelligence and law*), no qual o encontro entre informática e ciências jurídicas permitiu o enriquecimento e o desenvolvimento de ambas as disciplinas. De fato, se num primeiro momento os estudos de inteligência artificial e direito limitaram-se a retomar modelos teórico-jurídicos, procurando dar-lhes uma roupagem computacional, em seguida tais estudos deram uma contribuição significativa e inovadora para as problemáticas filosófico-jurídicas*.

Em princípio, os estudos informático-jurídicos deram lugar a uma verdadeira revolução no âmbito dos estudos de lógica jurídica, que, como vimos, tradicionalmente consistiam na aplicação, em âmbito jurídico, da lógica clássica, possivelmente enriquecida com a lógica deôntica.

No âmbito das experimentações informático-jurídicas constatou-se, entretanto, que nem mesmo com a ajuda dos mais poderosos demonstradores automáticos a lógica clássica podia oferecer um modelo adequado de raciocínio jurídico.

A isso se opunham alguns aspectos fundamentais do raciocínio jurídico e do conhecimento jurídico, por exemplo, o fato de que o raciocínio jurídico é uma técnica procedimental para a solução de problemas jurídicos. Ele requer, portanto, processos interativos governados por regras, dos quais participam os sujeitos interessados, e não um procedimento monológico, como é a dedução lógica. Além disso, o raciocínio jurídico, como já dissemos ao falar de C. Alchourrón e E. Bulygin, na medida em que nasce da controvérsia e da contraposição de teses opostas, é essencialmente *defeasible* (defectível): ou seja, o jurista deve estar pronto a rever suas conclusões à luz de novas informações, enquanto a lógica clássica é cumulativa, isto é, as novas informações se unem às precedentes sem questionar o que era dedutível a partir delas.

A informática jurídica conseguiu desenvolver lógicas jurídicas novas, capazes de enfrentar os aspectos referidos acima.

O problema da "praticidade" da lógica jurídica, de sua eficiência como instrumento para a solução de problemas, foi enfrentado especialmente recorrendo às linguagens da programação lógica, que reduziram a distância entre representações lógicas e programas informáticos: expresso em tais linguagens, um conjunto de "axiomas jurídicos" transforma-se num programa executável automaticamente. Essa linha foi adotada sobretudo por Robert Kowalski e Marek Sergot com o projeto Prolog, realizado no Imperial College de Londres no início dos anos 1980, no âmbito do qual foram desenvolvidos aplicativos em diversos setores do direito inglês[2].

O problema da procedimentalidade foi enfrentado mediante os chamados sistemas de diálogo (*dialog systems*). Trata-se de modelos formais de interações dialéticas, nos quais são caracterizados com precisão os papéis das partes, os atos lingüísticos que estes podem realizar, as modalidades de desenvolvimento do diálogo e de sua delimitação[3].

O problema da *defeasibility* do raciocínio jurídico encontrou uma solução no âmbito dos estudos sobre o raciocínio não-monotônico, isto é, sobre as lógicas do raciocínio defectível. Em particular, no campo jurídico foram aplicadas ou desenvolvidas lógicas baseadas em argumentos: nestas, uma conclusão mostra-se justificada se fundada por argumentos que prevaleçam na dialética das razões contrapostas[4].

Além de analisar essas novas dimensões da lógica, os estudiosos da informática jurídica não deixaram de se ocupar dos temas mais tradicionais da lógica deôntica, chegando a novas caracterizações, mais precisas e flexíveis, das situações jurídicas. Os temas da imprecisão e da indeterminação foram estudados, por sua vez, recorrendo a instrumentos como as lógicas difusas (*fuzzy*).

Ao lado dos estudos acima descritos, devemos recordar os estudos informático-jurídicos que abordaram aspectos do raciocínio jurídico tradicionalmente estranhos à lógica, ainda que compreendida em sentido amplo. São particularmente numerosos, sobretudo no âmbito norte-americano, os modelos do raciocínio em casos[5].

Finalmente, não devemos esquecer os estudos informático-jurídicos que versam sobre a tentativa de reproduzir o funcionamento inconsciente e paralelo da mente do jurista mediante instrumentos como as redes neurais, ou de extrair informações jurídicas das respectivas fontes mediante técnicas para a aprendizagem automática (*machine learning*)[6].

Outros desdobramentos importantes para as dimensões filosóficas da informática jurídica têm se delineado com respeito ao desenvolvimento de agentes informáticos dotados de certo grau de autonomia, entre os quais se estabelecem relações governadas por normas semijurídicas[7].

Na Itália, os primeiros filósofos do direito a abordar a informática jurídica foram Vittorio Frosini e Mario Losano.

Frosini (1922-2001), autor de numerosas obras de caráter histórico e teórico de tendência estrutural[8], em 1968 publicou um volume, *Cibernetica, diritto e società*, em que analisava os problemas suscitados pelas aplicações da "revolução cibernética" no campo jurídico e social, problemas estudados também nos livros subseqüentes: *Il diritto nella società tecnologica* (1981), *Informatica, diritto e società* (1988) e *Contributi ad un diritto dell'informazione* (1991).

Destaca-se sobretudo a tentativa de Frosini de unir informática e hermenêutica jurídica: a informática, de fato, facilitando o processo informativo, permite uma interpretação mais completa e eficaz das normas[9].

Losano (n. 1939), aluno de Bobbio, estudioso do pensamento jurídico sobretudo alemão (importantes as suas contribuições sobre Jhering, Gerber, Kelsen, mas também sobre os americanos Hohfeld e Tobias Barreto), bem como de temas sociológicos e comparatistas[10], em 1969 publicou *Giuscibernetica. Macchine e modelli cibernetici nel diritto*, um livro destinado a ordenar a massa heterogênea de estudos jurídico-informáticos daqueles anos, distinguindo abordagens teóricas e abordagens práticas.

Retomando os temas daquela obra, Losano posteriormente publicou: *Informatica per le scienze sociali* (1985), primeiro volume de caráter propedêutico de um curso de informática jurídica, em que o autor desenvolve o aspecto da aplicação da informática ao direito, dirigindo-se a todo estudioso de ciências sociais que deseja aplicar as novas tecnologias à sua matéria. Sucessivamente, publicou os dois volumes, *Il diritto privato dell'informatica* (1986) e *Il diritto pubblico dell'informatica* (1987), que, por sua vez, se ocupam da aplicação do direito à informática. Nascia, assim, a distinção hoje geralmente em uso entre informática jurídica e direito da informática.

2. A segunda fronteira da filosofia do direito contemporânea, que indiquei na introdução deste capítulo, é constituída pela bioética.

No início dos anos 1970, como dissemos, assistiu-se a um progressivo abandono das pesquisas metaéticas, voltadas para a natureza e os fundamentos da ética, para o significado dos termos éticos e dos diversos modelos de raciocínio moral, e a um renovado interesse pelos problemas morais concretos e específicos.

Esse fenômeno, que pode ser sinteticamente definido como "passagem da metaética à ética normativa", implicou uma ampliação das pesquisas de "ética aplicada", como as de ética ambiental, de ética dos negócios e de bioética.

O termo "bioética" (literalmente "ética da vida" ou, mais amplamente, "de tudo aquilo que é vivo") aparece pela primeira vez em 1971 no título do livro de um oncologista americano, Van Renssealer Potter, *Bioethics. A Bridge to the Future*[11].

O autor define a bioética como a tentativa de utilizar as ciências biológicas para melhorar a qualidade da vida e vincula sua razão de ser à necessidade de formular uma nova ética capaz de garantir a sobrevivência da humanidade mediante um estreito diálogo entre ciências biomédicas e ciências humanas.

A bioética, na verdade, não é uma nova disciplina ou uma nova ética: ela é mais um conjunto de pesquisas, de discursos e de práticas, geralmente pluridisciplinares, cujo objeto é o esclarecimento ou a solução de questões de caráter ético, suscitadas pelas inovações científicas e tecnológicas que tornaram possível agir sobre fenômenos vitais de maneiras há algumas décadas consideradas impensáveis.

Maurizio Mori a considera fundamentalmente um movimento cultural, que nasceu nos Estados Unidos nos anos 1970 e depois se difundiu na Europa nos anos 1980 e nas outras nações nos anos 1990, a ponto de poder ser definida um "fenômeno planetário"[12]. Esse movimento originou também estruturas específicas destinadas a sustentar e alimentar o debate: centros de pesquisa privados e públicos, cátedras universitárias, associações que representam o nível institucional da bioética, diferente do cultural.

O âmbito temático abrangido por esse neologismo é muito vasto e vem se ampliando constantemente com o progresso das pesquisas científicas e das suas aplicações: ele vai do aborto à eutanásia, da relação médico-paciente ao transplante de órgãos, da engenharia genética à clonagem. Ao lado das problemáticas estritamente biomédicas, também se encontram no âmbito da bioética, considerada em sentido amplo, os temas da conservação do ambiente e da tutela dos direitos dos animais[13].

À reflexão bioética são confiadas questões fundamentais, como: quando começa a vida?; quando e até quando se pode falar de "pessoa" ou de "vida humana"?; quanta autonomia deve ser conferida ao indivíduo ao determinar a própria vida e a própria morte?; quando continuar uma reanimação e quando deixar morrer?; quando proteger a mãe, o feto, ou até mesmo o embrião na proveta?; quais os limites de tratamento e quais os da experimentação humana e não-humana?

A reflexão, é claro, vai de temas estritamente biológicos (quando se pode definir o início da vida) a temas de natureza filosófico-religiosa (a sacralidade da vida e da morte) e temas filosófico-jurídicos e jurídicos em sentido estrito (se e como fixar regras): estão em confronto ideologias, crenças religiosas, modelos culturais e sistemas de valores diversos, assim como critérios diferentes de regulamentação da ação. A exigência de regulamentação jurídica se choca nas sociedades pluralistas contemporâneas com a falta de valores compartilhados, ocasionando o risco de criar limites que refletem apenas os valores morais de uns poucos ou de sufocar com decretos e leis os progressos da ciência.

Freqüentemente o desenvolvimento do debate bioético ocorreu, sobretudo na Itália, por meio do confronto e até do conflito entre a orientação laica e a orientação católica. Estas, por sua vez, se apresentam não como blocos unitários, mas com notáveis divergências internas. Os fundamentos da bioética laica, em grande parte devidos ao magistério de Uberto Scarpelli[14], são, muito esquematicamente: o respeito pela autonomia individual (em matéria de saúde e no que concerne à própria vida, cada um tem o direito de escolher); a garantia do respeito pelas convicções religiosas dos indivíduos (tendo-se em conta que da fé religiosa não derivam, para os não-crentes, soluções precisas em campo ético); a promoção da qualidade de vida no nível mais alto possível (em contraposição à simples duração da vida); a garantia de um acesso eqüitativo, e do melhor acesso possível, aos tratamentos médicos[15].

Entre os filósofos do direito italianos, a bioética católica tem um representante autorizado em Francesco D'Agostino (n. 1946), aluno, como mencionado, de Sergio Cotta e, assim como o mestre, seguidor de uma corrente fenomenológica de ascendência existencialista[16].

Coerente com essa orientação, em seus escritos de bioética D'Agostino assume uma perspectiva personalista-ontológica. Ele critica a parcelização do homem no plano científico, que o despojou de seu núcleo essencial e produziu uma fragmentação do conceito de pessoa. Pessoa não é um simples "feixe de fenômenos", uma árida dimensão materialista, mas é "ser para além do parecer", que encontra sua justa dimensão através do "ser para os outros".

O direito, entendido como experiência humana relacional, é um sistema de defesa das prerrogativas irrenunciáveis da pessoa em sua realidade de sujeito em relação.

Dessas premissas provêm os princípios nos quais D'Agostino fundamenta a bioética: o princípio da defesa da vida física, que prevê a inviolabilidade da vida, na medida em que a vida corpórea física é "o valor fundamental da pessoa"; o princípio da liberdade e da responsabilidade, que implica tanto a responsabilidade de tratar o doente como pessoa, quanto a liberdade do médico de não atender a solicitações que sua consciência moral considere inaceitáveis; o princípio da totalidade, que afirma que só é lícito intervir na vida física da pessoa se isso é necessário para preservar sua totalidade unitária e indivisível de corpo-psique-espírito; o princípio de sociabilidade e subsidiariedade, que compromete cada pessoa, em virtude da relacionalidade constitutiva e ontológica, a viver participando da realização de seus semelhantes.

A bioética, segundo D'Agostino, deve ser acompanhada por uma biojurídica, para que o direito ponha limites de liberdade à intervenção do homem sobre a vida[17].

A bioética, como vimos, não se esgota na bioética médica: ao lado desta desenvolveu-se uma bioética animalista, que se ocupa dos animais, e uma bioética ambiental, que se interessa pelas questões vinculadas à relação homem-natureza e pelos princípios que devem regular tal relação.

A bioética animalista desenvolveu-se no início dos anos 1970, com a publicação daquele que Silvana Castignone define como "um dos textos sagrados do animalismo contemporâneo", *Animal Liberation*, do filósofo australiano Peter Singer (n. 1946)[18].

Às teses de Singer, inspiradas no utilitarismo da preferência, se contrapõe Tom Regan (n. 1938), o outro grande expoente da luta em favor dos animais no âmbito filosófico. Este, em sua obra mais conhecida, *The Case for Animal Rights*[19], procura construir uma verdadeira teoria dos direitos, animais ou não, partindo da distinção entre agentes morais (os seres humanos adultos e racionais) e pacientes morais (todos os indivíduos conscientes e sencientes, ou seja, capazes de sentir prazer e dor e de ter expectativas, lembranças, afetividade, que Regan considera dotados de "valor inerente").

Quanto à bioética ambiental, podem-se identificar duas grandes correntes contrapostas: a dos conservacionistas (John Passmore pode ser considerado uma das vozes mais representativas desta linha de pensamento)[20], os quais, partindo de um ponto de vista antropocêntrico, consideram a natureza como um bem a serviço do homem, que deve ser protegido por motivos de utilidade, e a corrente dos preservacionistas (interessante a perspectiva de Paul W. Taylor)[21], que, partindo de uma perspectiva biocêntrica, entendem que a terra e o ambiente em geral são dotados de um valor intrínseco e portanto devem ser respeitados por si mesmos.

Há também uma terceira posição, representada em particular por Eugene C. Hargrove[22], que vê a proteção do ambiente ligada a valores estéticos.

Na Itália, da bioética em sua acepção mais ampla, se aproximou, em seus últimos estudos, Luigi Lombardi Vallauri (n. 1936), autor extremamente versátil, que partiu de pesquisas sobre o direito jurisprudencial e passou depois a estudos de política do direito destinados a delinear uma sociedade pleromática.

Inicialmente Lombardi Vallauri identifica o "pleroma" com a finalidade cristã, ou seja, a plenitude, "a forma perfeita dada à totalidade, a síntese de tudo aquilo que o homem é". Posteriormente, em suas obras mais recentes, essa idéia se amplia até indicar "a plenitude não redutiva do ser, humano e não-humano, nas suas dimensões material-natural, histórico-cultural e pessoal-espiritual". Daí o interesse pelas problemáticas bioético-médicas, animalistas, ambientalistas etc.[23].

3. Outra fronteira da filosofia do direito contemporânea é representada pela teorização do multiculturalismo. O termo "multiculturalismo" pode ser empregado, em sentido puramente factual e descritivo, para designar certo tipo de sociedade, caracterizada pela presença e pela convivência de grupos culturais diferentes, ou, em sentido normativo, para indicar um ideal jurídico-político

para cuja realização o Estado é chamado a colaborar, principalmente através dos instrumentos do direito e da educação.

No primeiro sentido, o multiculturalismo é um objeto de estudo dos sociólogos, aí incluídos os sociólogos do direito. No segundo, dos filósofos político-sociais, aí incluídos os filósofos do direito.

O multiculturalismo, na segunda acepção, nasce da contraposição dialética entre pensamento liberal e pensamento comunitário, que dominou a filosofia político-social dos anos 1980. Um dos núcleos dessa contraposição residia na necessidade, defendida pelo liberalismo, de emancipar o indivíduo das "concepções de bem" socialmente fortes, e na exigência, observada pelos adeptos do pensamento comunitário, de limitar o divórcio entre identidade individual e valores socialmente transmitidos.

O ideal multicultural retoma e coordena ambas as instâncias mencionadas acima, porque visa a proteger e reconhecer as tradições culturais dos grupos presentes nas modernas sociedades pluralistas, mas tal reconhecimento destina-se à proteção da liberdade do indivíduo e da sua possibilidade de desenvolver plenamente a própria identidade.

Um dos princípios mais importantes do liberalismo tradicional, como vimos ao falar da polêmica entre Hart e Lord Devlin[24], é o clássico princípio da separação entre a esfera pública, que inclui apenas o que tem uma relevância política, e a esfera privada da vida de cada cidadão, em cujo âmbito recai tudo o que diz respeito à sua identidade particular (religiosa, afetiva, sexual etc.).

O princípio da separação das duas esferas, que implicava uma proibição, para o Estado e as instituições públicas em geral, de interferir no âmbito da vida privada dos cidadãos desembocou, no liberalismo contemporâneo, na afirmação da neutralidade do Estado em relação a tudo o que integra a área das "concepções de bem" dos cidadãos.

Segundo esse ideal, o Estado deve preocupar-se apenas em garantir a todos uma disponibilidade eqüitativa dos "bens primários" fundamentais, que constituem precondições para realizar qualquer "concepção de bem" específica que os cidadãos buscam, na variedade de suas identidades, mantendo-se neutro em termos de afirmação das identidades particulares.

No entanto, a observação da realidade social em países de composição cultural mista, principalmente nos países anglo-saxões, onde esse fenômeno tem uma tradição mais antiga, levou alguns estudiosos a ressaltar que também o sentimento de pertencer a um grupo e a uma tradição cultural deve ser considerado um "bem primário". Como escreveu Charles Taylor, a identidade dos indivíduos (e esta era uma das objeções mais fortes que os estudiosos da área comunitária faziam aos liberais) não surge do nada, mas precisa de uma base cultural e social em relação à qual se plasma dialogicamente. Se uma cultura, que fornece essa base tão essencial para a construção da identidade dos indivíduos a ela relacionados, passa a ocupar uma posição marginal numa sociedade dominada por outras culturas (é o caso, por exemplo, da cultura afro-americana nos Estados Unidos), os cidadãos pertencentes a essa cultura serão prejudicados. Isso porque, no processo de desenvolvimento de sua identidade, terão de lidar com a imagem depreciativa de si mesmos, reflexo da escassa apreciação social por sua cultura de base.

Então, todos os indivíduos têm interesse essencial num reconhecimento público da sua própria cultura, como aplicação do princípio da igual dignidade de todos os cidadãos perante o Estado e as instituições públicas. Tal objetivo pode ser alcançado tanto trabalhando no âmbito da educação, elaborando programas que levem os estudantes à compreensão e ao reconhecimento do valor de culturas diferentes da sua, quanto utilizando o instrumento do direito para apoiar as culturas vitais, ainda que minoritárias, no interior de um país. Nesse sentido, falar de "multiculturalismo" significa também falar, como faz Taylor, de "política do reconhecimento" – os dois termos são muitas vezes usados alternativamente[25].

No início dos anos 1990, o ideal multicultural encontra expressão completa em algumas obras de grande ressonância. É particularmente significativa, no nosso âmbito, a contribuição de Joseph Raz (n. 1939), aluno e herdeiro de Hart – leciona atualmente em Oxford –, mas de origem israelita e filho, portanto, de uma cultura que luta há milênios pela defesa da própria identidade.

O seu pensamento, que se move entre filosofia moral, filosofia do direito e filosofia política, encontra unidade, como o próprio Raz sugere em *Pratical Reason and Norms*[26], na noção de filosofia da razão prática ou filosofia prática: os três campos acima mencionados têm em comum o fato de se referirem todos a razões para agir (morais, jurídicas e políticas). Segundo Raz, o campo das razões para agir não é, como por muito tempo se pensou, totalmente dominado pela subjetividade, pois tais razões dependem da adequação ao caso, isto é, da racionalidade. No que se refere a esta, Raz distingue entre razões normativas, que deveriam orientar a ação de modo adequado às circunstâncias; razões explicativas, que dão conta do porquê de certa ação, às vezes realizada contrariamente às indicações das razões normativas, e razões excludentes (*exclusionary reasons*), que se encontram num nível diferente, superior às demais, e portanto não se chocam com elas; ao contrário, por força de seu posicionamento de segundo grau, as excluem. As normas jurídicas, que Raz considera como partes de um sistema institucionalizado, abrangente (*comprehensive*) e caracterizado pela pretensão de autoridade suprema, entram nas razões do agente como razões de segundo grau. Nesse panorama, a filosofia do direito comporta investigações lógico-conceituais, ao passo que a filosofia moral e a filosofia política implicam investigações substantivas.

Opondo-se ao neutralismo, característico, como vimos, da tradição liberal, e mesmo permanecendo nessa perspectiva, a partir da obra *The Morality of Freedom*[27], Raz fundamenta a própria proposta de moralidade política no valor da autonomia e da liberdade dirigida ao bem-estar das pessoas. Essa proposta, valorizando o contexto cultural de pertença, leva-o a defender uma versão particular de multiculturalismo, o chamado multiculturalismo liberal, entendido como "preceito normativo" que justifica a promoção e encoraja o progresso de minorias culturais e exige o respeito por sua identidade.

A escolha multicultural de Raz baseia-se em dois juízos de valor: a idéia de que a liberdade e o desenvolvimento dos indivíduos dependem de sua plena e livre pertença a um grupo cultural, vital e respeitado, e o pluralismo dos valores, isto é, o reconhecimento de que não existe uma só cultura válida, mas que podem ter validade também outras culturas, com suas respectivas práticas e valores, por mais que essas culturas possam ser incompatíveis entre si.

Pertencer a uma cultura é, para Raz, essencial em três sentidos. Em princípio, é só através das práticas e do horizonte de significados fornecido por uma cultura que os indivíduos podem apreender e discernir as opções que dão sentido a uma vida. Em segundo lugar, compartilhar uma cultura (e, portanto, uma linguagem dada, certa ordem de valores sociais, uma tradição etc.) torna possível a compreensão entre as pessoas e, assim, é um pré-requisito da socialização. Enfim, pertencer a um grupo cultural é um dos mais importantes fatores que determinam o sentido da própria identidade.

Para Raz, o Estado liberal, bem longe de ser neutro, deve retomar a função de promotor do bem de seus cidadãos, bem que, como vimos, não é realizável individualmente, separado das comunidades culturais que são as únicas a poder dar um significado, um valor e um reconhecimento à finalidade do sujeito. Daí o papel ativo que o Estado deve assumir para favorecer em seu interior o desenvolvimento harmonioso de diversas culturas[28].

Na Itália, o debate sobre o multiculturalismo começou a se delinear apenas em tempos recentes, uma vez que é recente o progressivo estabelecimento de imigrantes que está transformando nosso país numa sociedade multicultural. Essa transformação exige, como escreveu Raz, que reconsideremos radicalmente a nossa sociedade, aprendendo a pensar que ela não é constituída mais por uma maioria e várias minorias, mas por uma pluralidade de grupos culturais[29]. Essa concepção implica notáveis conseqüências no que diz respeito às temáticas da cidadania, da soberania, da forma do Estado, dos direitos individuais e de grupo. A perspectiva multicultural representa, portanto, um desafio para todos, e não apenas para os filósofos do direito.

NOTAS

Introdução

1. Interessantes observações sobre o tema em Mario Losano, *Storia contemporanea del diritto e sociologia storica*, in id. (org.), *Storia contemporanea del diritto e sociologia giuridica*, Milano, 1997, p. 22 [trad. bras. por Marcela Varejão. História contemporânea do direito e sociologia histórica. *Revista Jurídica*, Faculdade de Direito, PUC, Campinas, XIII, 1997, pp. 5-24].

2. Em inglês, bons instrumentos didáticos para a reconstrução do debate contemporâneo são, entre outros: James William Harris, *Legal Philosophies*, London/Edimburgo/Dublin, 1997; James E. Herget, *Contemporary German Legal Philosophy*, Philadelphia, 1996; Hilaire McCoubrey e Nigel D. White, *Textbook on Jurisprudence*, London, 1993; Gary Minda, *Postmodern Legal Movements. Law and Jurisprudence at Century's End*, New York/London, 1995 (trad. it. org. por Mauro Barberis, *Teorie postmoderne del diritto*, Bologna, 2001); Jules Coleman e Scott Shapiro (orgs.), *Oxford Handbook of Jurisprudence and Philosophy of Law*, Oxford, 2002; David Patterson (org.), *A Companion to Philosophy of Law and Legal Theory*, 2. ed., Oxford, 1999 e id., *Philosophy of Law and Legal Theory: an Anthology*, Malden, 2003.

Em língua italiana vejam-se: Gianfrancesco Zanetti (org.), *Filosofi del diritto contemporanei*, Milano, 1999 (recorri à minha introdução e às contribuições àquele volume ao realizar a composição das partes correspondentes deste livro, e a elas remeto para uma exposição mais ampla); Mauro Barberis, *Breve storia della filosofia del diritto*, Bologna, 2004, e Aldo Schiavello, *Il positivismo giuridico dopo Hebert Hart. Un'introduzione critica*, Torino, 2004.

3. Cf. Ronald Dworkin, *Taking Rights Seriously*, London, 1977 (trad. it. parcial org. por Giorgio Rebuffa, *I diritti presi sul serio*, Bologna, 1982) [trad. bras.: *Levando os direitos a sério*, São Paulo, Martins Fontes, 2002].

4. Cf. Neil MacCormick e Ota Weinberger, *An Institutional Theory of Law*, Dordrecht, 1986 (trad. it. org. por Massimo La Torre, *Il diritto come istituzione*, Milano, 1990).

5. Id., ibid., p. 9.

6. Cf. Ronald Dworkin, *I diritti presi sul serio*, cit., p. 90. Note-se que Dworkin distingue entre princípios em sentido estrito – que são argumentos normativos relativos à proteção dos direitos dos indivíduos, em particular contra o Estado – e *policies* – que são argumentos normativos relativos à proteção dos fins coletivos da comunidade, no todo ou em algumas de suas partes.

7. Enquanto uma norma se aplica por subsunção, ou seja, reconduzindo o caso ao fato jurídico abstrato nela previsto, os princípios se aplicam através de ponderação (*balancing*). A esse respeito, é bem conhecido o exemplo, citado por Dworkin, do caso *Riggs vs Palmer* (ou *caso Elmer*), julgado pelo tribunal do estado de Nova York. Tratava-se de decidir se Elmer poderia usufruir da herança que o avô lhe deixara em testamento, mesmo tendo assassinado seu avô, uma vez que as leis do estado de Nova York não previam homicídio como causa de exclusão do quadro de herdeiros. O tribunal, indo além do direito, decidiu negar a Elmer a herança, com base no princípio de que não se pode obter vantagem de um ilícito.

8. Cf. Ronald Dworkin, *Law's Empire*, London, 1986 (trad. it. por Lorenza Caracciolo di San Vito, *L'impero del diritto*, Milano, 1989) [trad. bras.: *O império do direito*, São Paulo, Martins Fontes, 2003].

9. Cf. John Rawls, *A Theory of Justice*, Cambridge, Mass., 1971, ed. rev., Oxford, 1999 (trad. it. org. por Sebastiano Maffettone, *Una teoria della giustizia*, Milano, 1982) [trad. bras.: *Uma teoria da justiça*, São Paulo, Martins Fontes, 2002]. Vejam-se também John Rawls, *La giustizia come equità, Saggi 1951-1969*, Napoli, 1979, e *Saggi. Dalla giustizia come equità al liberalismo politico*, Milano, 2002.

10. Na obra *Political Liberalism*, New York, 1993 (trad. it. org. por Salvatore Veca, *Liberalismo politico*, Milano, 1994) [trad. bras.: *O liberalismo político*, 2. ed., São Paulo, Ática, 2000], Rawls fez uma revisão parcial de sua teoria, passando da idéia do procedimento contratual à do "consenso sobreposto" (*overlapping consensus*), como fundamento dos princípios de justiça.

Finalmente, veja-se também John Rawls, *Justice as Fairness. A Restatement*, Cambridge, Mass., 2000 (trad. it. org. por Gianlazzaro

Rigamonti, *Giustizia come equità. Una riformulazione*, Milano, 2002) [trad. bras.: *Justiça como eqüidade: uma reformulação*. São Paulo, Martins Fontes, 2003].

11. Na Itália, um dos primeiros filósofos do direito a salientar a importância das reflexões de Rawls foi Enrico di Robilant (n. 1924) (cf. *Sui principi di giustizia*, Milano, 1961, e *Teoria e ideologia nelle dottrine della giustizia*, Milano, 1964). Autor particularmente sensível às novas correntes metodológicas, conduziu, entre outros, estudos de epistemologia e sobre o uso teórico e prático dos "modelos" nas ciências sociais.

12. O positivismo jurídico, mesmo fortemente criticado, continuou a ser um ponto de referência importante para estudiosos como Giacomo Gavazzi e Alfonso Catania.

Giacomo Gavazzi (n. 1932), aluno direto de Bobbio, dedicou seus estudos a problemáticas teórico-formais relativas à interpretação e à cientificidade da ciência jurídica, à coerência do ordenamento e às antinomias, bem como a aprofundamentos do pensamento de Kelsen e das novas metodologias analíticas (recordemos que Gavazzi organizou a tradução italiana de Alf Ross, *Diritto e giustizia*, Torino, 1965, e de Herbert L. A. Hart, *Diritto, morale e libertà*, Acireale, 1968) [trad. bras.: Alf Ross, *Direito e justiça*, São Paulo, Edipro, 2000, e Herbert Hart, *Direito, liberdade, moralidade*, Porto Alegre, Sérgio Antonio Fabris, 1987]. Ele afirma que a teoria kelseniana deve ser depurada, isto é, purificada dos elementos mais críticos (em primeiro lugar o conceito de norma) e acentuada em seus elementos inovadores, como a consideração do elemento funcionalista. Segundo Gavazzi, a concepção kelseniana não exclui, ao contrário, prevê, ainda que de maneira "pouco satisfatória", uma perspectiva funcionalista: teoria formal e concepção funcionalista não são incompatíveis, daí a proposta de uma "teoria geral das funções" que, permanecendo no plano formal, se abra aos aspectos funcionalistas e sociológicos com base no exemplo de Ross.

Alfonso Catania (n. 1945), tendo presente sobretudo o pensamento de Hart, faz uma crítica interna a Kelsen. Ele, kelsenianamente, mantém intocada a distinção entre *Sein* e *Sollen* e sublinha o quanto o conceito de ordenamento é central para a compreensão do direito, mas procura tornar mais "realista" a dimensão "pura" do ordenamento, aprofundando o problema da efetividade, na medida em que, para ele, o que é relevante para a noção de ordenamento é o comportamento dos homens.

Tradicionalmente alternativo ao positivismo jurídico, o jusnaturalismo, que na Itália encontrara um renovado consenso já no pósguerra, manteve-se vivo também no debate dos últimos quarenta anos, não apenas entre os filósofos, como também entre os juristas, com uma base especulativa mais profunda.

Em particular, Sergio Cotta (n. 1920) desenvolveu, como ele mesmo a definiu, com ecos heideggerianos e husserlianos, uma "ontofenomenologia" do direito, que se fundamenta no reconhecimento da conexão intrínseca e inelimínável entre o viver existencial, o qual constitui a "estrutura ontológica" do ser humano, e a coexistência, na qual se ativa a dimensão da juridicidade. A natureza do homem, oscilando entre finitude e necessidade de infinitude, síntese de finito e infinito, explica a sua fundamental relacionalidade, entendida como natural coexistencialidade, ou seja, como "ineliminável exigência estrutural da própria consciência pessoal". Essa concepção antropológica constitui a base da idéia de um direito natural, compreendido não como direito ideal, e sim como conjunto de princípios, cuja inobservância tornaria impossíveis as relações coexistenciais.

A perspectiva existencialista do pensamento de Cotta foi retomada com direcionamentos diversos por seus alunos, especialmente por Bruno Romano (n. 1942), Francesco D'Agostino (n. 1946) e Bruno Montanari (n. 1947).

Em singular continuidade desde *Legge della ragione,* Milano, 1964, até *Società, legge e ragione,* Milano, 1974, Guido Fassò (1915-1974) professou um jusnaturalismo histórico, baseado na concepção de um direito natural que nasce da concretude histórica da sociedade interpretada pela razão e se põe como limite à onipotência do Estado e como garantia de defesa da liberdade humana.

Enrico Opocher (1914-2004), herdeiro de Giuseppe Capograssi, desenvolveu uma filosofia dos valores especial. Ele concebe o direito como valor "na medida em que cada um de seus aspectos é vivido e sofrido pela consciência do sujeito". Mas a experiência jurídica não se esgota numa perspectiva subjetivista; ela encontra uma objetivação no processo: de fato, a controvérsia é o núcleo em torno do qual se constitui toda a experiência jurídica. O valor do direito consiste num "fazer valer", na capacidade, portanto, de explicitar através do processo princípios dotados de características intrínsecas, de tal forma que uma posição subjetiva se torne válida também para outros, de modo durável, e nesse sentido adquira valor.

Para aprofundar os temas do mestre, cada um segundo suas próprias linhas de pesquisa, contribuíram os alunos de Opocher, em especial Francesco Gentile (n. 1936), Francesco Cavalla (n. 1939) e Franco Todescan (n. 1944).

Outros filósofos do direito italianos se moveram no espírito das duas correntes – o marxismo e o espiritualismo católico – em que se dividira o Idealismo em meados do século XX.

Inicialmente próximos do marxismo, Domenico Corradini Broussard (n. 1942), Eugenio Ripepe (n. 1943) e Danilo Zolo (n. 1936) distanciaram-se dele posteriormente, para exprimir posições originais. O primeiro dirigiu seu interesse para temas inerentes à construção do sujeito e da ordem simbólica, através do estudo de autores como Nietzsche, Jung e Foucault; o segundo enriqueceu sua própria reflexão sobre eminentes teóricos elitistas da política; o terceiro, combinando a teoria do conhecimento de cunho empirista (Neurath) com a teoria sistêmica de Luhmann, elaborou uma epistemologia reflexiva da complexidade, por meio da qual enfrentou os temas da democracia, da cidadania, da guerra, da sociedade mundial cosmopolita etc.

Igualmente de formação marxista é Pietro Barcellona (n. 1936), civilista com fortes interesses filosófico-teóricos que o levaram a lecionar filosofia do direito.

O espiritualismo católico, por sua vez, inspirou a reflexão de Francesco Mercadante (n. 1926) e de Domenico Coccopalmerio (n. 1940). Este publicou, em 1973, a tradução italiana da obra de Miguel Reale, *O direito como experiência*, São Paulo, 1968, que contém um ensaio introdutivo com vários aprofundamentos e especificações, ao ponto de apresentá-la como uma segunda edição revisada e ampliada.

Neste livro não me ocuparei dos estudiosos da história da filosofia do direito, que por sinal contam com uma rica tradição na Itália, nem dos estudiosos de sociologia do direito, que hoje se transformou numa disciplina completamente autônoma da filosofia do direito, da qual, ao menos na Itália, nasceu – recordemos que seu "pai fundador", Renato Treves, partiu de estudos sobre neokantismo e sobre Kelsen, que entre os primeiros deu a conhecer na Itália (cf. a bibliografia em Mario G. Losano, *Renato Treves, sociologo tra il Vecchio e il Nuovo Mondo*, Milano, 1998) – e com a qual ainda mantém estreitas relações, a despeito da superação, no atual debate jusfilosófico, do modelo juspositivista e da abertura, como se dirá, ao mundo dos valores e dos fatos.

13. Ambas as obras foram objeto de discussão numa mesa-redonda sobre o positivismo jurídico realizada em Pavia em 2 de maio de 1966 (cf. "Tavola rotonda sul positivismo giuridico", *Il politico*, caderno 4, 1967).

Sobre a trajetória do positivismo jurídico italiano vejam-se Enrico Pattaro, "Il positivismo giuridico italiano dalla rinascita alla crisi", in

Uberto Scarpelli (org.), *Diritto e analisi del linguaggio*, Milano, 1976, pp. 451-86; Mario Jori, *Il giuspositivismo analitico italiano prima e dopo la crisi*, Milano, 1987; Mario Jori e Anna Pintore (orgs.), *Law and Language: The Italian Analytical School*, Liverpool, 1997; Luigi Ferrajoli, *La cultura giuridica nell'Italia del Novecento*, Roma/Bari, 1999, p. 88; Vittorio Villa, *Storia della filosofia del diritto analitica*, Bolonha, 2003 (em particular pp. 81 s.).

14. Cf. Norberto Bobbio, *Giusnaturalismo e positivismo giuridico*, Milano, 1965.

15. In *Rivista di filosofia*, 1967, pp. 235-62.

16. Cf. Uberto Scarpelli, *Cos'è il positivismo giuridico*, Milano, 1965, p. 131.

17. Cf. Norberto Bobbio, *Dalla struttura alla funzione*, Milano, 1977, p. 8.

18. Cf. Uberto Scarpelli, *L'etica senza verità*, Bologna, 1982.

Capítulo I

1. A denominação das recentes teorias do direito centradas no processo de constitucionalização do direito ainda não está consolidada: há quem fale de "neoconstitucionalismo" (por exemplo, Mauro Barberis, *Filosofia del diritto*, cit., p. 203; "Neocostituzionalismo, democrazia e imperialismo della morale", in *Ragion pratica*, 2000, pp. 147 ss.); de "teorias constitucionalistas" (por exemplo, Giorgio Bongiovanni, *Costituzionalismo e teoria del diritto*, Roma/Bari, 2005); de "teorias principialistas" (cf. Alfonso García Figueroa, *Principios y positivismo jurídico: el non positivismo principialista en las teorías de Ronald Dworkin y Robert Alexy*, Madrid, 1998).

2. Robert Alexy, "Rechtssystem und praktische Vernunft", in *Rechtstheorie*, 1987; Ralf Dreier, "Konstitutionalismus und Legalismus", in *Archiv für Rechts- und Sozialphilosophie*, Beiheft 40, 1991.

Note-se que é possível identificar uma posição que pode ser vista como intermediária à contraposição entre constitucionalismo e legalismo, representada pelas teorias que propõem um positivismo "inclusivo" (*inclusive* ou *soft positivism*) dos princípios presentes nos sistemas jurídicos contemporâneos. Essas teorias incluem, portanto, *standards* que vão além dos estatutos positivos formais e fazem referência direta à realidade das *chartered societies*. Esse enfoque encontra resposta no *Postscript* que Hart acrescentou à segunda edição de *The Concept of Law*, Oxford, 1994, no qual, para sistemas jurídicos como o dos Estados Unidos, se reconhecia a relevância dos princípios. Para aprofundamentos vejam-se: Jules L. Coleman (org.), *Hart's Postscript. Essays on the Postscript to the Concept of Law*, Oxford, 2001, e o número monográfico de *Ragion Pratica*, 2003.

Para essa perspectiva, Jules L. Coleman, "Negative and Positive Positivism", in Marshall Cohen (org.), *Ronald Dworkin and Contemporary Jurisprudence*, Totowa, 1984, pp. 28 ss., e Jules L. Coleman, *The Practice of Principle*, Oxford, 2001; Wilfrid J. Waluchov, *Inclusive Legal Positivism*, Oxford, 1994; Philip Soper, "Law's Normative Claims", in Robert P. George (org.), *The Autonomy of Law. Essays on Legal Positivism*, Oxford, 1996; Anthony J. Sebok, *Legal Positivism in American Jurisprudence*, Cambridge, Mass., 1998.

3. Com base nessa premissa, Dworkin posicionou-se a respeito de alguns temas muito debatidos como a eutanásia e o aborto, sustentando a autodeterminação da mulher no que se refere ao aborto, aos direitos dos casais homossexuais e de fato etc. A favor da eutanásia, em 1997, subscreveu, juntamente com John Rawls, Robert Nozick, Thomas Nagel e outros, a chamada *Philosophers' Brief*. Veja-se também Ronald Dworkin, *Life's Dominion. An Argument about Abortion and Euthanasia*, Londres, 1993 (trad. it. org. por Sebastiano Maffettone, *Il dominio della vita: aborto, eutanasia e libertà individuale*, Milano, 1994) [trad. bras.: *Domínio da vida: abortos, eutanásia e liberdades individuais*, São Paulo, Martins Fontes, 2003].

4. Além das obras de Dworkin já citadas, para esses aspectos veja-se *Freedom's Law. The Moral Reading of American Constitution*, Cambridge, Mass., 1996; *Sovereign Virtue. The Theory and Practice of Equality*, Cambridge, Mass., 2000 (trad. it.: *Virtù sovrana. Teoria dell'uguaglianza*, Milano, 2002) [trad. bras.: *A virtude soberana*, São Paulo, Martins Fontes, 2005].

A reflexão política dworkiniana, ainda que principalmente de matriz liberal, tem diversos pontos de contato com a redescoberta do republicanismo cívico que se desenvolveu nos Estados Unidos a partir da segunda metade dos anos 1980 (vejam-se, por exemplo, Frank I. Michelman, "The Supreme Court 1985 Term. Foreword: Traces of Self-Government", *Harvard Law Review*, 1986, e "Law's Republic", *Yale Law Journal*, 1988; Cass R. Sunstein, "Beyond the Republican Revival", *Yale Law Journal*, 1988; Frank I. Michelman, *La democrazia e il potere giudiziario: il dilemma costituzionale e il giudice Brennan*, org. por Giorgio Bongiovanni e Gianluigi Palombella, 2004). Trata-se de uma corrente de interpretação da constituição americana que considera, além dos valores liberais, a relevância da dimensão política como esfera de expressão da liberdade de autodeterminação dos indivíduos e como contexto da realização do bem e do interesse comum. Por esse motivo, o âmbito político não é reduzido, como na perspectiva liberal, à defesa dos direitos e à representação dos interesses privados, mas é visto em função da liberdade positiva dos membros da comunidade.

Entre as contribuições mais recentes em língua italiana sobre o republicanismo, vejam-se Marco Geuna, "La tradizione repubblicana e i suoi interpreti: famiglie teoriche e discontinuità concettuali", *Filosofia politica*, 1998; Brunella Casalini, "Diritti, cittadinanza e costituzione repubblicana", *Ragion pratica*, 1999; Philip Pettit, *Il repubblicanesimo. Una teoria della libertà e del governo*, Milano, 2000; Alessandro Ferrara e Massimo Rosati (orgs.), "Repubblicanesimo e liberalismo a confronto", *Filosofia e questioni pubbliche*, 2000; Luca Baccelli, *Critica del repubblicanesimo*, Roma/Bari, 2003.

5. Cf. Jürgen Habermas, *Theorie des kommunikativen Handelns*, Frankfurt a.M., 1981 (trad. it. org. por Gian Enrico Rusconi, *Teoria dell'agire comunicativo*, Bologna, 1986).

O pressuposto de que a concepção kantiana pode ser reformulada no quadro de uma ética "do discurso" ou "da comunicação" é compartilhado também por Karl Otto Apel (n. 1922), professor emérito da Goethe Universität de Frankfurt. Entre suas obras mais significativas sobre o tema, vejam-se: *Transformation der Philosophie*, Frankfurt a.M., 1973 (trad. it. parc. org. por Gianni Vattimo, *Comunità e comunicazione*, Turim, 1977) [trad. bras.: *Transformação da filosofia*, São Paulo, Loyola, 2000]; "Grenzen der Diskursethik? Versuch einer Zwischenbilanz", *Zeitschrift für philosophische Forschung*, 1986, pp. 3-31 (trad. it. ampl.: "Limiti dell'etica del discorso? Tentativo di un bilancio intermedio", in *Etiche in dialogo. Tesi sulla razionalità pratica*, Genova, 1990, pp. 28-58); *Etica della comunicazione*, Milano, 1992; *Discorso, verità, responsabilità*, Roma, 1997.

6. Cf. Jürgen Habermas, *Faktizität und Geltung. Beiträge zur Diskurstheorie des Rechts und des demokratischen Rechtsstaats*, Frankfurt a.M., 1992 (trad. it. org. por Leonardo Ceppa, *Fatti e norme. Contributi a una teoria discorsiva del diritto e della democrazia*, Milano, 1996).

7. Cf. Robert Alexy, *Theorie der juristischen Argumentation*, Frankfurt, 1978 (trad. it. org. por Massimo La Torre, *Teoria dell'argomentazione giuridica*, Milano, 1998) [trad. bras.: *Teoria da argumentação jurídica*, São Paulo, Landy, 2001].

8. Cf. Robert Alexy, *Begriff und Geltung des Rechts*, Freibourg/München, 1992 (trad. it. org. por Gustavo Zagrebelsky, *Concetto e validità del diritto*, Torino, 1997).

9. Cf. Habermas, *Fatti e norme*, cit., p. 279.

10. Em particular, cf. Niklas Luhmann, *Ausdifferenzierung des Rechts. Beiträge zur Rechtssoziologie und Rechtstheorie*, Frankfurt a.M., 1981 (trad. it. org. por Raffaele De Giorgi, *La differenziazione del diritto*, Bologna, 1990); *Paradigm lost. Über die etische Reflexion der Moral*, Frankfurt a.M., 1990; *Das Recht der Gesellschaft*, Frankfurt a.M., 1993.

Para um mapa dos temas da teoria de Luhmann, veja-se Claudio Baraldi, Giancarlo Corsi e Elena Esposito (orgs.), *Luhmann in glossario. I concetti fondamentali della teoria dei sistemi sociali*, Milano, 1997.

11. O conceito de democracia deliberativa – desenvolvido, por exemplo, por Joshua Cohen, "Deliberation and Democratic Legitimation", in Alan Hamlin e Philip Pettit (orgs.), *The Good Polity*, Oxford, 1989 – se concretiza numa visão do processo democrático que ressalta a sua dimensão "discursiva" e tem por base a igual participação dos indivíduos.

Trata-se de uma visão normativa da democracia que a identifica num procedimento ideal de "consulta livre e pública", caracterizado por uma série de importantes requisitos, tais como a dimensão argumentativa, a participação igualitária, a ausência de restrições internas e externas dos sujeitos participantes e o consenso racional e imparcial como finalidade do procedimento (cf. Habermas, *Fatti e norme*, cit., pp. 360 ss.; *Democracy and Difference*, org. por Seyla Benhabib, Princeton, 1996; *Deliberative Democracy*, org. por Jon Elster, Cambridge, 1998; *Deliberative Democracy. Essays on Reason and Politics*, org. por James Bohman e William Rehg, Cambridge, 1999).

Nino desenvolve esses aspectos em *The Constitution of Deliberative Democracy*, New Haven, 1996. Outras de suas obras significativas, que tratam de aspectos mais genéricos da teoria do direito, são *The Ethics of Human Rights*, Oxford, 1991; *Derecho, moral y política*, Barcelona, 1994 (trad. it. org. por Massimo La Torre, *Diritto come morale applicata*, Milano, 1999).

12. Cf. Ferrajoli, *La cultura giuridica nell'Italia del Novecento*, cit., pp. 49 ss. Veja-se também Riccardo Guastini, "La costituzionalizzazione dell'ordinamento giuridico italiano", *Ragion pratica*, 1998, pp. 185-206.

13. Em particular, cf. Uberto Scarpelli, "Dalla legge al codice, dal codice ai principi", *Rivista di filosofia*, 1987, pp. 3-15, e "Il positivismo giuridico rivisitato", *Rivista di filosofia*, 1989, pp. 461-75.

14. 7. ed., Roma/Bari, 2002. Sobre o debate suscitado por essa obra, veja-se Letizia Gianformaggio (org.), *Le ragioni del garantismo: discutendo con Luigi Ferrajoli*, Torino, 1993.

Servem de pano de fundo à obra *Diritto e ragione* os estudos precedentes de Luigi Ferrajoli, que culminaram na tentativa de construir uma teoria axiomatizada do direito, ou seja, um sistema de conceitos e de afirmações jurídicas realizado através de definições e transformações lógicas rigorosas (cf. Luigi Ferrajoli, *Teoria assiomatizzata del diritto*, Milano, 1970). Valendo-se do mesmo método, Ferrajoli concentrou-se depois no problema do raciocínio jurídico, em particular no âmbito penal.

15. Cf. Luigi Ferrajoli, "Il diritto come sistema di garanzie", *Ragion pratica*, 1993, pp. 143-61; "Democrazia e costituzione", *Ragion pratica*, 1993, pp. 227-44; *La sovranità nel mondo moderno. Nascita e crisi dello stato nazionale*, Roma/Bari, 1999 [trad. bras.: *A soberania no mundo moderno: nascimento e crise do estado nacional*, São Paulo, Martins Fontes, 2002]; *Diritti fondamentali. Un dibattito teorico*, Roma/Bari, 2001.

16. Os textos da polêmica Hart-Devlin são, respectivamente, "Positivism and the Separation of Law and Morals", *Harvard Law Review*, 1958, pp. 593 ss., depois in Herbert L. A. Hart, *Essays in Jurisprudence and Philosophy*, Oxford, 1983 (trad. it.: "Il positivismo e la separazione tra diritto e morale", in Herbert L. A. Hart, *Contributi all'analisi del diritto*, org. por V. Frosini, Milano, 1964, pp. 105-66), e "The Enforcement of Morals (1959)", in Patrik Devlin, *The Enforcement of Morals*, London, 1965, pp. 1-25.

Note-se que o próprio Hart, em obras sucessivas, por exemplo em *The Concept of Law*, Oxford, 1961 (trad. it. org. por Mario A. Cattaneo, *Il concetto di diritto*, Torino, 1965) [trad. port.: *O conceito de Direito*, Coimbra, Almedina, 1995), sustentou a tese do conteúdo mínimo do direito natural. De acordo com essa tese, existem fatores aparentemente inalteráveis na *conditio humana* (por exemplo, os seres humanos são vulneráveis, têm um altruísmo limitado, dispõem de recursos limitados etc.) e por esse motivo é natural que em todos os ordenamentos existam normas de *neminem laedere*, normas para a conservação da terra, bem como para a distribuição de seus frutos.

Ver também Herbert L. A. Hart, *Law, Liberty and Morality*, Oxford, 1963.

17. Cf. Lon Fuller, *The Morality of Law*, New Haven, 1964 (trad. it. org. por Alessandro Dal Brollo, *La moralità del diritto*, Milano, 1986).

18. Cf. Germain Grisez, "The First Principle of Practical Reason. A Commentary on the Summa Theologiae 1-2, Question 94, Article 2", *Natural Law Forum*, 1965, pp. 168-201.

19. Cf. John Finnis, *Natural Law and Natural Rights*, Oxford, 1980 (trad. it. org. por Francesco Viola, *Legge naturale e diritti naturali*, Torino, 1996).
20. Cf. John Finnis, *Moral Absolutes. Tradition, Revision and Truth*, Washington, 1991 (trad. it. por Andrea Maria Maccarini, *Gli assoluti morali: tradizione, revisione e verità*, Milano, 1993). Sobre o problema do aborto, em particular, John Finnis, "The Right and Wrong of Abortion: a Reply to Judith Thomson", *Philosophy and Public Affairs*, 1973, pp. 117-45, e "Abortion, Natural Law and Public Reason", in Robert P. George (org.), *Natural Law and Public Reason*, Georgetown, 2000.
21. Na Inglaterra desenvolve-se uma escola alternativa de jusnaturalismo, que toma como ponto de partida o princípio fundamental do liberalismo, ou seja, a autonomia (cf., em particular, Deryck Beyleveld; Roger Brownsword, *Law as a Moral Judgment*, Sheffield, 1994).

Capítulo II

1. Cf. Luigi Bagolini, "Aspetti della critica dei valori etico-giuridici nel pensiero contemporaneo", *Rivista internazionale di filosofia del diritto*, 1950, pp. 233-67. Cabe recordar, além disso, que Bagolini contribuiu para a difusão do pensamento filosófico-jurídico brasileiro na Itália, em primeiro lugar com a tradução, realizada em 1956 junto a Giovanni Ricci, da obra de Miguel Reale, *Filosofia do direito* (São Paulo, 1953), e posteriormente com diversos artigos, entre os quais, em particular: Luigi Bagolini, "Problemi di filosofia del diritto in Brasile", *Studi senesi*, 1952, pp. 210-24; "Motivi fondamentali del pensiero sudamericano", *Giornale di Metafisica,* 1952, pp. 607-11; "Filosofia del diritto in Brasile", *Rivista internazionale di filosofia del diritto,* 1954, pp. 402-17.
2. Cf. Giovanni Tarello, *Il realismo giuridico americano,* Milano, 1962.
3. Silvana Castignone traduziu, de Karl Olivecrona, *Il diritto come fatto*, Milano, 1967, bem como numerosos ensaios, sobretudo de Olivecrona, mas também de outros autores escandinavos, reunidos em três antologias: *Il realismo giuridico scandinavo e americano*, Bologna, 1981; *Realismo giuridico e analisi del linguaggio*, org. por Silvana Castignone e Riccardo Guastini, Genova, 1990, e *La realtà del diritto*, org. por Silvana Castignone, Carla Faralli e Mariangela Ripoli, Torino, 2000. Entre suas obras mais significativas sobre o realismo jurídico, vejam-se: *La macchina del diritto. Il realismo giuridico in Svezia*, Milano, 1974; *Diritto, linguaggio, realtà. Saggi sul realismo giuridico*, Torino, 1995.

4. Guastini, entre outras coisas, reuniu e traduziu numerosos ensaios, na época pouco conhecidos, de Ross. Vejam-se, em especial, as coletâneas *Realismo giuridico e analisi del linguaggio*, cit., e *Critica del diritto e analisi del linguaggio*, org. por Alberto Febbrajo e Riccardo Guastini, Bologna, 1982.

5. Cf. Riccardo Guastini, *Dalle fonti alle norme*, Torino, 1990; *Le fonti del diritto e l'interpretazione*, Milano, 1993; *Teoria e dogmatica delle fonti*, Milano, 1998; *Lezioni di teoria costituzionale*, Torino, 2001.

6. Enrico Pattaro traduziu, de Karl Olivecrona, *La struttura dell'ordinamento giuridico*, Milano, 1972. Entre suas obras mais significativas sobre o realismo e sobre os desdobramentos do "realismo normativista" vejam-se, em especial: *Il realismo giuridico scandinavo*, I. *Axel Hägerström*, Bologna, 1974; *Lineamenti per una teoria del diritto*, Bologna, 1985; *Introduzione al corso di filosofia del diritto*, I e II, Bologna, 1986-1987; *Temi e problemi di filosofia del diritto*, Bologna, 1994; *Norme, linguaggio, diritto*, Bologna, 2001; *The Law and the Right: A Reappraisal of the Reality that Ought to be*, Dordrecht, 2005.

7. Cf. MacCormick e Weinberger, *Il diritto come istituzione*, cit., pp. 59 e 132.

8. Cf. ibid., pp. 140 e 123.

9. Cf. Roberto Mangabeira Unger, *Knowledge and Politics*, New York/London, 1975 (trad. it.: *Conoscenza e politica*, Bologna, 1983; ed. bras.: Roberto Mangabeira Unger, *Conhecimento e política*, Rio de Janeiro, Forense, 1978). Um sólido componente antiformalista aproxima os CLS com o movimento do direito alternativo, desenvolvido na Europa no final dos anos 60 e radicado nos anos 80 em alguns países sul-americanos, sobretudo o Brasil. Para uma história do movimento alternativo, de sua migração da Europa à America do Sul e, em particular, da sua radicação no Brasil, veja-se Mario Losano, "La legge e la zappa: origini e sviluppi del diritto alternativo in Europa e in Sudamerica", *Materiali per una storia della cultura giuridica*, 2000, pp. 109-51.

10. Cf. Robert Gordon, "Law and Ideology", *Tikkun*, 1987, p. 17.

11. Entre os exemplos que se transformaram em clássicos de "desconstrução" do discurso ideológico dos juristas podem ser citados, no campo do direito dos contratos: Clare Dalton, "An Essay on the Deconstruction of Contract Doctrin", *The Yale Law Journal*, 1986, pp. 997 ss., e, no campo do direito constitucional, Mark V. Tushnet, "Critical Legal Studies and Constitutional Law. An Essay in Deconstruction", *Stanford Law Review*, 1984, pp. 623 ss.

12. Fundamental é o ensaio de Robert Gordon, "Critical Legal Histories", *Stanford Law Review*, 1984, pp. 57-126 (trad. it. org. por A. Carrino, *Storie critiche del diritto*, Napoli, 1992).

13. Cf. Duncan Kennedy, "Form and Substance in Private Law", *Harvard Law Review*, 1976 (trad. it. org. por A. Carrino, *Forma e sostanza nella giurisdizione di diritto privato*, Napoli, 1992).
14. Roberto Mangabeira Unger, *Passion. An Essay on Personality*, New York, 1984.
15. Cf. Ronald Coase, "The Problem of Social Cost", *Journal of Law and Economy*, 1960, pp. 1 ss.; Guido Calabresi, "Some Thoughts on Risk Distribution and the Law of Torts", *Yale Law Journal*, 1961, pp. 499 ss., e *The Cost of Accidents. A Legal and Economic Analysis*, New Haven, 1970 (trad. it.: *Costo degli incidenti e responsabilità civile: analisi economico-giuridica*, Milão, 1975).

A análise econômica do direito, desenvolvida sobretudo no âmbito do direito privado, nos últimos anos apresentou interessantes aplicações também no direito público, em particular nas obras de Dennis C. Mueller, *Constitutional Democracy*, New York/Oxford, 1996, e Robert D. Cooter, *The Strategic Constitution*, Princeton, 2000 (cf. Michele Abrescia, "Le ricerche gius-economiche e la frontiera del diritto costituzionale", *Quaderni costituzionali*, 2001, pp. 635-43).

16. Cf. Richard Posner, *Economic Analysis of Law*, Boston/London, 1973, pp. 20-1 (a obra de Posner chegou à sua sexta edição em 2005).
17. Cf. Richard Posner, *The Problems of Jurisprudence*, London, 1990, pp. 390-1.

Minda (cf. *Teorie postmoderne*, cit., pp. 141 ss.) distingue duas gerações no âmbito desse movimento. A primeira, cujo texto *Economic Analysis of Law* é o mais representativo, caracteriza-se por uma extrema confiança na aplicação dos métodos da economia para a construção do "direito como ciência". A segunda, que se pode remeter a *The Problems of Jurisprudence*, distingue-se por um maior ceticismo em relação às pretensões científicas e por uma aproximação mais pragmática.

18. Cf. Richard Posner, *The Problems of Jurisprudence*, cit., pp. 459-60.
19. A relação conceitual entre igualdade e diferença e as reivindicações de uma igualdade que se realize através da valorização das diferenças alimentaram um amplo debate. No âmbito anglo-saxão, veja-se, a título de exemplo, Iris M. Young, *Justice and the Politics of Difference*, Princeton, 1990 (trad. it. org. por Luigi Ferrajoli, *Le politiche della differenza*, Milano, 1996).

Na Itália, onde aliás as teorias feministas ainda não se consolidaram no debate filosófico-jurídico, importantes contribuições sobre o tema vêm, em particular, de Letizia Gianformaggio. Aluna de Uberto Scarpelli, Letizia Gianformaggio (1944-2004) revela sinais dos ensinamentos do mestre não apenas no método analítico, mas também na pesquisa sobre os valores e princípios jurídicos fundamentais, em primeiro lugar a igualdade (cf. "Identity, Equality, Similarity and the Law", *Rechtstheorie*, 1993; "Eguaglianza e differenza: sono veramente incompatibili?", in Gabriella Bonacchi e Angela Groppi (orgs.), *Il dilemma della cittadinanza. Diritti e doveri delle donne*, Roma/Bari, 1993; "Correggere le disuguaglianze, valorizzare le differenze: superamento o rafforzamento dell'eguaglianza?", *Democrazia e Diritto*, 1996; "L'eguaglianza giuridica e le norme", in Letizia Gianformaggio e Mario Jori (orgs.), *Scritti per Uberto Scarpelli*, Milano, 1997, bem como a segunda parte do volume *Filosofia e critica del diritto*, Torino, 1995). Grande parte destes ensaios encontram-se hoje reunidos na coletânea póstuma org. por Carla Faralli, Alessandra Facchi e Tamar Pitch, *Eguaglianza, donne e diritto*, Bologna, 2005.

20. A expressão "teoria feminista do direito" aparece pela primeira vez no artigo de Ann Scales, "Towards a Feminist Jurisprudence", *Indiana Law Journal*, 1981, p. 375.

21. Cf. Carol Smart, "The Woman of Legal Discourse", *Social and Legal Studies*, 1992, pp. 29-44.

22. Cf. Gary Minda, *Teorie postmoderne*, cit., pp. 213 ss.

23. Cf., em particular, Carol Gilligan, *In a Different Voice*, Cambridge, Mass., 1982 (trad. it. *Con voce di donna. Etica e formazione della personalità*, Milano, 1987). Sobre a ética do cuidado (*care ethics*), também é significativa a contribuição de Joan Tronto (cf. Joan C. Tronto, *Moral Boundaries. A Political Argument for an Ethic of Care*, London, 1993).

24. As feministas que, como MacKinnon, compartilham a perspectiva dos CLS, são conhecidas como *Fem-crits*. Algumas delas, como Francis Olsen, por exemplo, se valeram, assim como os expoentes dos CLS, de uma abordagem desconstrutiva (cf. Francis Olsen, "Feminism and Critical Legal Theory. An American Perspective", *International Journal of Sociology of Law*, 1990, pp. 205 ss.). Para a desconstrução dos conceitos jurídicos assume particular importância também a obra de Martha Minow (cf. Martha Minow, *Making All the Difference: Inclusion, Exclusion and American Law*, Ithaca, 1990).

25. Cf. Catharine A. MacKinnon, "Feminism, Marxism, Method and the State. An Agenda for Theory", *Signs*, 1982, pp. 515 ss.; "Feminism, Marxism, Method and the State. Toward Feminist Jurisprudence", *Signs*, 1983, pp. 652 ss.; *Only Words*, Cambridge, Mass., 1996 (trad. it.: *Soltanto parole*, Milano, 1999). Sobre o debate surgido na teoria jurídica norte-americana e sobre as propostas de conciliação entre as diferentes posições de Gilligan e MacKinnon, veja-se Francis Olsen (org.), *Feminist Legal Theory*, 2 vols., Dartmouth, 1995.

NOTAS 99

26. Cf. Tove Stang Dahl, "Building Women's Law", *International Journal of Sociology of Law*, 1986, e *Women's Law. An Introduction to Feminist Jurisprudence*, Oslo, 1987.

27. Cf., em particular, Richard Delgado, "The Imperial Scholar: Reflections on a Review of Civil Rights Literature", *University of Pennsylvania Review*, 1984, pp. 561 ss.; Derrick Bell, *And We are not Saved: The Elusive Quest for Racial Justice*, New York, 1987; Patricia Williams, *The Alchemy of Race and Rights*, Cambridge, Mass., 1991. Sobre este movimento, veja-se Gary Minda, op. cit., pp. 277-308, e a bibliografia ali citada. Cf. também Richard Delgado e Jean Stefancic, "Critical Race Theory. An Annotated Bibliography", *Valparaiso Law Review*, 1993, pp. 461 ss.

28. Cf. Gary Minda, op. cit., p. 306.

Capítulo III

1. Aulis Aarnio, Robert Alexy e Aleksander Peczenik, "The Foundation of Legal Reasoning", *Rechtstheorie*, 1981 (trad. it. parc.: "I fondamenti del ragionamento giuridico", in Paolo Comanducci e Riccardo Guastini (orgs.), *L'analisi del ragionamento giuridico*, Torino, 1987, vol. I, pp. 121-7).

2. Cf. Aulis Aarnio, "On Truth and Acceptability of Interpretative Propositions in Legal Dogmatics", *Rechtstheorie*, Beiheft 2, 1981, pp. 33-51.

3. Cf. Aulis Aarnio, *The Rational as Reasonable. A Treatise on Legal Justification*, Dordrecht/Boston/Lancaster/Tóquio, 1986.

4. Cf. Aleksander Peczenik, *On Law and Reason*, Dordrecht/Boston/London, 1989, e "The Passion for Reason", in L. G. Witgens (org.), *The Law in Philosophical Perspective*, Dordrecht, 1997.

5. Cf. Neil MacCormick, *Legal Reasoning and Legal Theory*, Oxford, 1978 (trad. it. org. por V. Villa, *Ragionamento giuridico e teoria del diritto*, Torino, 2001).

6. As principais obras de Wróblewski sobre o tema da interpretação são: "The Legal Reasoning in Legal Interpretation", *Logique et analyse*, 1969 (trad. it.: "Il ragionamento giuridico nell'interpretazione giuridica", in Paolo Comanducci e Riccardo Guastini (orgs.), *L'analisi del ragionamento giuridico*, cit., pp. 268-70); "Legal Syllogism and Rationality of Judicial Decision", *Rechtstheorie*, 1974, pp. 33-46; *Meaning and Truth in Judicial Decision*, Helsinque, 1983; *The Judicial Applica-*

tion of Law, ed. póstuma org. por Z. Bankowski e N. MacCormick, Dordrecht, 1992.

7. No que se refere aos Estados Unidos, na sua fase mais recente, o marco inicial desse movimento é remetido (por exemplo, por Gary Minda, op. cit., pp. 247 ss.) à publicação do livro de James Boyd White, professor de direito e de inglês na Universidade de Michigan, *The Legal Imagination. Studies in the Nature of Legal Thought and Expression*, Boston, 1973. Nessa obra, o autor sustenta que os estudos literários trazem uma importante contribuição para o direito e especialmente para a interpretação judicial, porque o direito e a literatura são unidos "por uma visão da linguagem como comunidade de discurso de mundos culturais particulares".

Analisando também os estudos europeus, Arianna Sansone (*Diritto e letteratura. Un'introduzione generale*, Milano, 2001) considera três períodos no desenvolver do movimento:

1) O ponto de partida, no início do século XX, que é remetido à publicação dos ensaios do italiano Antonio D'Amato, do sueco de língua alemã Hans Fehr e dos americanos John Wigmore e Benjamin Cardozo;

2) um período intermediário, até os anos 1970, caracterizado por uma fecundidade maior dos estudos europeus nos anos 1940-1950, e pelo chamado renascimento americano do *Law and Literature* nos anos 1960;

3) a definitiva afirmação, a partir dos anos 1980.

Na Itália, o filósofo do direito que se mostrou mais sensível às sugestões do movimento foi Mario A. Cattaneo (n. 1934), com os estudos: *Riflessioni sul De monarchia di Dante Alighieri*, Ferrara, 1978; *L'illuminismo giuridico di Alessandro Manzoni*, Sassari, 1985; *Carlo Goldoni e Alessandro Manzoni. Illuminismo e diritto penale*, Milano, 1987; *Suggestioni penalistiche in testi letterari*, Milano, 1992.

Para um quadro sintético da situação italiana, vejam-se: Fabrizio Cosentino, "Analisi giuridica della letteratura. L'esperienza italiana", *Quadrimestre. Rivista di diritto privato*, 1993, pp. 622 ss., e "Law and Literature: bagliori italiani", *Rivista critica di diritto privato*, 1996, pp. 179 ss.

8. O texto de referência da corrente "direito na literatura" é de Richard Weisberg, *The Failure of the Word. The Lawyer as Protagonist in Modern Fiction*, New Haven, 1984 (trad. it.: *Il fallimento della parola*, Bologna, 1990). O recurso à tradição dos grandes livros – Dickens, Kafka, Melville – foi contestado pelas feministas e pelos teóricos da diferença racial, porque não incluiria histórias sobre mulheres e pes-

soas de cor. Dessa contestação nasceram narrativas de histórias reais ou fictícias por parte de feministas e teóricos da diferença racial, que usaram o relato para descrever as experiências pessoais de discriminação ausentes nos textos literários e jurídicos tradicionais, bem como para propor novas aproximações ao direito.

    9. Cf., em particular, Stanley Fish, *Is There a Text in This Class? The Authority of Interpretative Communities*, Cambridge, 1980 (trad. it.: *C'è un testo in questa classe? L'interpretazione nella critica letteraria e nell'insegnamento*, Torino, 1987), e *Doing What Comes Naturally: Change Rhetoric and the Practice of Theory in Literary and Legal Studies*, Durham, 1989; Owen M. Fiss, "Objectivity and Interpretation", *Stanford Law Review*, 1982, pp. 739 ss.; Sanford Levinson, "Law as Literature", *Texas Law Review*, 1982, pp. 373 ss.; Ronald Dworkin, "How Law is Like Literature", in *The Matter of Principle*, Oxford, 1986 (trad. it. org. por Sebastiano Maffettone, *Questioni di principio*, Milano, 1990).

    10. Cf., em particular, Bernard S. Jackson, *Making Sense in Law. Linguistic, Psychological and Semiotic Perspectives*, Liverpool, 1996.

    11. Bologna, 1974. Cf. também Giovanni Tarello, *L'interpretazione della legge*, Milano, 1980. Uma bibliografia completa dos escritos de Tarello encontra-se no fascículo 1987/2 de *Materiali per una storia della cultura giuridica* (revista por ele fundada em 1971), pp. 289-302, e em *Studi in memoria di Giovanni Tarello*, Milano, 1990, I, pp. ix-xxi. Veja-se também *L'opera di Giovanni Tarello nella cultura giuridica contemporanea*, org. por Silvana Castignone, Bologna, 1989.

    12. Entre as obras mais significativas de Mario Jori vejam-se: *Il metodo giuridico tra scienza e politica*, Milano, 1976; *Il formalismo giuridico*, Milano, 1980; *Saggi di metagiurisprudenza*, Milano, 1985; com Anna Pintore, *Manuale di teoria generale del diritto*, 2. ed., Torino, 1995. De Hart, Jori traduziu *Responsabilità e pena*, Milano, 1981.

    13. Além das obras citadas na nota 5 do capítulo II, vejam-se também: Riccardo Guastini, *Lezioni di teoria analitica del diritto*, Torino, 1982; *Il diritto come linguaggio*, Torino, 2001, e *L'interpretazione dei documenti normativi*, Milano, 2004.

    14. Entre as principais obras sobre o assunto, vejam-se: Giuseppe Zaccaria, *Ermeneutica e giurisprudenza. I fondamenti filosofici nella teoria di Hans Georg Gadamer*, Milano, 1984; *Ermeneutica e giurisprudenza. Saggio sulla metodologia di Josef Esser*, Milano, 1984; *L'arte dell'interpretazione*, Padova, 1990; *Questioni di interpretazione*, Padova, 1996, e finalmente, com Francesco Viola, *Diritto e interpretazione. Lineamenti di teoria ermeneutica del diritto*, Roma/Bari, 1999.

15. Entre as principais obras sobre o assunto, vejam-se: Francesco Viola, *Il diritto come pratica sociale*, Milano, 1990, e, com Zaccaria, *Diritto e interpretazione*, cit., e *Le ragioni del diritto*, Bologna, 2003.

Capítulo IV

1. De acordo com a definição de Carlos Alchourrón (cf. "Logic of Norms and Logic of Normative Propositions", in *Logique et analyse*, 1969, pp. 242-68), a lógica das normas refere-se diretamente às prescrições e a lógica das proposições normativas refere-se às proposições que afirmam que uma prescrição pertence a certo sistema normativo.

2. Os pioneiros da aplicação informática da lógica jurídica foram Layman E. Allen e Charles S. Saxon, que propuseram o uso de linguagens lógicas para melhorar a redação dos textos jurídicos e realizaram programas para redação semi-automática de textos jurídicos normalizada, nos quais as conjunções da linguagem natural são substituídas por conectores lógicos. Em particular, a lógica proposta por Allen consiste numa formalização dos conceitos jurídicos hohfeldianos mediante lógicas da relevância. (Cf. Layman E. Allen, "Formalizing Hohfeldian Analysis to Clarify the Multiple Senses of 'Legal Right': A Powerful Lens for the Electronic Age", *Southern California Law Review*, 1974, pp. 428-87, e Layman E. Allen e Charles S. Saxon, "Analysis of the Logical Structure of Legal Rules by a Modernized and Formalized Version of Hohfeld Fundamental Legal Conceptions", in *Automated Analysis of Legal Texts*, org. por A. A. Martino e F. Socci, Amsterdam, 1986, pp. 385-450.)

3. Cf. Manuel Atienza, *La filosofía del derecho argentina actual*, Buenos Aires, 1984, pp. 70 ss.

4. Cf. Carlos Alchourrón e Eugenio Bulygin, *Normative Systems*, Wien/New York, 1971, posteriormente publicado em espanhol, com o título *Introducción a la metodología de las ciencias jurídicas y sociales*, Buenos Aires, 1975.

5. Carlos Alchourrón, em colaboração com David Makinson, realizou um modelo lógico da dinâmica dos ordenamentos normativos (cf. Carlos Alchourrón e David Makinson, "Hierarchies of Regulation and Their Logic", in *New Studies on Deontic Logic*, org. por R. Hilpinen, Dordrecht, 1981, pp. 123-48). Os autores observam que são introduzidas continuamente no direito novas normas em contradição com as normas preexistentes. O sistema só poderá manter sua coerência

englobando as novas normas, se for correspondentemente modificado. Mas como é possível obter um novo conjunto de normas, que contenha as novas prescrições e preserve ao máximo possível os conteúdos preexistentes à introdução destas? A resposta, já presente na contribuição indicada acima, seria sucessivamente desenvolvida pelos próprios Alchourrón, Makinson e Gardenfors, na sua teoria da revisão do conhecimento ou da revisão das crenças (Carlos Alchourrón, Peter Gardenfors e David Makinson, "On the Logic of Theory Change: Partial Meet Functions for Contractions and Revisions", *Journal of Symbolic Logic*, 1985, pp. 510-30). Essa teoria, que representa uma das aquisições mais importantes dos recentes estudos lógicos e epistemológicos (e informáticos), oferece um conjunto de critérios de estratégias racionais para englobar novos conhecimentos em um conjunto de conhecimentos preexistentes.

6. Cf. Carlos Alchourrón, "On Law and Logic", *Ratio Juris*, 1996, pp. 331-48.

7. Cf., em particular, Carlos Alchourrón, "Philosophical Foundations of Deontic Logic and the Logic of Defeasible Conditionals", in *Deontic Logic in Computer Science. Normative System Specification*, org. por John-Jules Ch. Meyer e Roel J. Wieringa, New York, 1993.

8. Cf. Stig G. Kanger, "New Foundations for Ethical Theory", in *Deontic Logic: Introductory and Systematic Readings*, org. por Risto Hilpinen, Dordrecht, 1971, pp. 36-58.

Além de Stig Gustav Kanger (n. 1924), outro eminente estudioso sueco é Lennart Ernst Åquist (n. 1932), autor de estudos sobre a causalidade e a responsabilidade – com o objetivo de realizar uma reconstrução lógica do direito do ilícito civil –, e sobre o problema da intencionalidade no direito penal.

9. Cf. Lars Lindahl, *Position and Change. A Study in Law and Logic*, Dordrecht, 1977; Giovanni Sartor, *Legal Reasoning: A Cognitive Approach to the Law*, Dordrecht, 2005.

10. Cf. Lars Lindahl, "Norms, Meaning Postulates and Legal Predicates", in *Festschrift for Carlos E. Alchourrón and Eugenio Bulygin*, org. por Ernesto Garzón Valdés et alii, Berlim, 1997, e "Intermediate Concepts as Couplings of Conceptual Structures", in *Norms, Logic and Information Systems*, org. por Paul McNamara e Henry Prakken, Amsterdam, 1999.

11. Cf. A. Soeteman, *Logic in Law. Remarks on Logic and Rationality in Normative Reasoning, Especially in Law*, Dordrecht, 1989.

12. Cf., em particular, Ota Weinberger, *Studien zur Normenlogik und Rechtsinformatik*, Berlin, 1974, e *Rechtslogik*, 2. ed., Berlin, 1989.

13. Respectivamente: Londres, 1963 (trad. it. por Alberto Emiliani, *Norma e azione. Un'analisi logica*, Bologna, 1982) e Amsterdam, 1968.

14. Cf. Georg H. von Wright, "Norms, Truth and Logic", in *Philosophical Papers*, I, *Practical Reason*, Oxford, 1983, pp. 130-209 (trad. it.: "Norme, verità e logica", *Informatica e diritto*, 1983, pp. 5-87; para a citação no texto, veja-se p. 9).

Os posicionamentos aqui expressos foram substancialmente reforçados por Von Wright em todas as suas pesquisas sucessivas, inclusive aquela que pode ser considerada o último reconhecimento autobiográfico dos seus "contínuos [...] esforços [...] para esclarecer os aspectos filosóficos da lógica deôntica", ou seja, em Georg H. von Wright, "Deontic Logic: A Personal View", *Ratio Juris*, 1999, pp. 26-38.

15. Entre as obras mais significativas do primeiro período, destacam-se Amedeo G. Conte, *Saggio sulla completezza degli ordinamenti giuridici*, Torino, 1962, e *Primi argomenti per la critica del normativismo*, Roma, 1968.

16. Os numerosos estudos de Conte encontram-se hoje reunidos nos dois volumes de *Filosofia del linguaggio normativo*, Torino, 1989 e 1995, e em *Filosofia dell'ordinamento normativo*, Torino, 1997.

17. Vejam-se, em particular, Gaetano Carcaterra, *Le norme costitutive*, Milano, 1974; *La forza costitutiva delle norme*, Roma, 1979; *Lezioni di filosofia del diritto. Norme giuridiche e valori etici*, Roma, 1991. A primeira parte deste último volume é dedicada aos temas clássicos da teoria do direito do autor. Já a segunda e a terceira dizem respeito a problemas de filosofia moral (inclusive a bioética) e de metaética, sobre os valores e sobre a sua natureza e estrutura, retomando o precedente volume, *Il problema della fallacia naturalistica. La derivazione del dover essere dall'essere*, Milano, 1969.

18. Entre as obras mais significativas de Alessandro Giuliani, vejam-se *Ricerche in tema di esperienze giuridiche*, Milano, 1957; *Il concetto di prova. Contributo alla logica giuridica*, Milano, 1961; *La controversia. Contributo alla logica giuridica*, Pavia, 1966; *La definizione aristotelica della giustizia. Metodo dialettico e analisi del linguaggio normativo*, Perugia, 1971, bem como os volumes por ele organizados entre 1975 e 1994, da coleção "L'educazione giuridica".

Capítulo V

1. O nascimento da informática jurídica é geralmente remetido a Lee Loevinger, "Jurimetrics: The Next Step Forward", *Minnesota*

Law Review, 1949, pp. 455-93, ao qual se deve o termo "jurimetria" (*jurimetrics*), que designou as primeiras aplicações da informática ao direito. Todavia, o uso dos computadores na pesquisa por informações jurídicas já havia sido sugerido por Louis O. Kelso, "Does the Law Need a Technological Revolution?", *Rocky Mountains Law Review*, 1946, pp. 376-92.

* Vejam-se os anais da conferência bienal "Artificial Intelligence and Law", que está em sua décima edição (VV.AA., *Proceedings of the Tenth International Conference of Artificial Intelligence and Law*, New York, 2005). Para uma coletânea de contribuições recentes, veja-se Edwina Russland, Kevin Ashley e Ronald P. Loui (orgs.), "AI and Law", *Artificial Intelligence*, special issue, 2003, pp. 1-329.

2. Para referências a estes trabalhos, Marek Sergot, *The Representation of Law in Computer Programs: A Survey and Comparison of Past and Current Projects*, London, 1987.

3. Cf., por exemplo, Thomas F. Gordon, *The Pleadings Game. An Artificial Intelligence Model of Procedural Justice*, Dordrecht, 1995; Jaap Hage, *Studies in Legal Logics*, Berlin, 2005.

4. Cf., em particular, Henry Prakken, *Logical Tools for Modelling Legal Argument. A Study of Defeasible Reasoning in Law*, Dordrecht, 1997; Jaap C. Hage, *Reasoning with Rules*, Dordrecht, 1997.

5. Entre estes, o mais influente foi o do raciocínio baseado em casos, proposto por Kevin D. Ashley e Edwina Russland, e realizado no sistema informático HYPO (cf. K. D. Ashley, *Modeling Legal Argument. Reasoning with Cases and Hypoteticals*, Cambridge, Mass., 1990). Veja-se também K. Branting, *Reasoning with Rules and Precedents: A Computational Model of Legal Analysis*, Dordrecht, 1997.

6. Cf. Lothar Philipps e Giovanni Sartor (orgs.), "Neural Networks and Fuzzy Reasoning in the Law", *Artificial Intelligence and Law*, 1999, pp. 115-322.

7. Cf. Rosaria Conte, Rino Falcone e Giovanni Sartor (orgs.), "Agents and Norms", *Artificial Intelligence and Law*, 1999, pp. 1-15.

8. Vejam-se, em particular, Vittorio Frosini, *La struttura del diritto*, Catania, 1962; *Teoremi e problemi di scienza giuridica*, Milano, 1971; *Costituzione e società civile*, Milano, 1975; *Ordine e disordine nel diritto*, Napoli, 1979; *Teoria e tecnica dei diritti umani*, Napoli, 1993.

Para uma bibliografia dos escritos de Frosini remeto a *Vittorio Frosini – Bibliografia degli scritti (1941-1993)*, org. por Roberto Bussana, Milano, 1994. Veja-se também Mario G. Losano, "Vittorio Frosini (1922-2001)", in *Sociologia del diritto*, 2001, fascículo 3, pp. 193-197.

9. Cf. Vittorio Frosini, *Lezioni di teoria dell'interpretazione giuridica*, Roma, 1989.

10. Cf., em particular, Mario G. Losano, *Sistema e struttura del diritto*, Torino, 1968; *Forma e realtà in Kelsen*, Milano, 1981; *I grandi sistemi giuridici. Introduzione ai diritti europei ed extraeuropei*, Roma/Bari, 2000; *Un giurista tropicale. Tobias Barreto fra Brasile reale e Germania ideale*, Roma/Bari, 2000; *Sistema e struttura del diritto*, 3 vols., Milano, 2002.

11. O termo foi consagrado pela *Encyclopedia of Bioethics*, org. por Warren T. Reich, New York, 1978, que lhe dá a seguinte definição: bioética é "o estudo da conduta humana no âmbito das ciências da vida e do cuidado da saúde, enquanto esta conduta é examinada à luz de valores e princípios morais".

12. Cf. Maurizio Mori, "La bioetica: che cos'è, quand'è nata e perché. Osservazioni per un chiarimento della natura della bioetica e del dibattito italiano in materia", *Bioetica*, 1993, pp. 115-43.

13. Na conferência de Erice, em 1991, foram identificados quatro campos principais: ética profissional, experimentação, medicina social e bioecologia.

14. Os escritos de bioética de Scarpelli encontram-se hoje reunidos no volume *Bioetica laica*, Milano, 1998, introduzido por um prefácio de Maurizio Mori e pelo texto *Ricordo di Uberto Scarpelli* de Norberto Bobbio.

Particular influência tiveram também na Itália as obras de Hugo T. Engelhardt, *The Foundation of Bioethics*, 2. ed., New York, 1996 (trad. it.: *Manuale di bioetica*, 2. ed., Milano, 1999) [trad. bras.: *Fundamentos de bioética*, São Paulo, Loyola, 1998], e de Hans Jonas, *Das Prinzip Verantwortung: Versuch einer Ethik für die technologische Zivilisation*, Frankfurt a.M., 1988 (trad. it. org. por Pier Paolo Portinaro, *Il principio di responsabilità: un'etica per la civiltà tecnologica*, 2. ed., Torino, 2002), e *Technik, Medizin und Ethik: zur Praxis des Prinzips Verantwortung*, Frankfurt a.M., 1985 (trad. it. org. por Paolo Becchi, *Tecnica, medicina ed etica: prassi del principio di responsabilità*, Torino, 1997).

15. Estes pontos foram desenvolvidos no *Manifesto di bioetica laica*, subscrito por Carlo Flamigni, A. Massarenti, Maurizio Mori e Angelo Petroni, *Il Sole 24 Ore*, 9 jun. 1996.

16. Para uma reconstrução da filosofia do direito de Francesco D'Agostino vejam-se, em particular, *Il diritto come problema teologico*, 3. ed., Torino, 1997; *Filosofia del diritto*, 3. ed., Torino, 1998.

17. Os principais escritos de bioética de D'Agostino encontram-se reunidos em *Bioetica nella prospettiva della filosofia del diritto*, 3. ed., Torino, 1998.

18. Londres/New York, 1975, 3. ed., New York, 1990 (trad. it.: *Liberazione animale*, Milano, 1991) [trad. bras.: *Libertação animal*, ed. rev.,

Porto Alegre, Lugano, 2004]. Cf. também Peter Singer, *Practical Ethics*, Cambridge, 1979 (trad. it.: *Etica pratica*, Roma, 1989) [trad. bras.: *Ética prática*, São Paulo, Martins Fontes, 1998].

19. Berkeley, 1983 (trad. it. por P. Palminiello, *I diritti animali*, Milano, 1990).

20. Cf. John Passmore, *Man's Responsibility for Nature*, Londres, 1974 (trad. it. por Massimo D'Alessandro, *La nostra responsabilità per la natura*, Milano, 1986).

21. Cf. Paul W. Taylor, *Respect for Nature. A Theory of Environmental Ethics*, Princeton, 1986. O enfoque biocêntrico pode ser remetido à "ética da terra", sustentada por Aldo Leopold, *A Sand Country Almanach*, Oxford, 1949; foi posteriormente retomado pelo movimento da *Deep Ecology*, ou ecologia profunda, contraposto à *Shallow Ecology*, ou ecologia superficial (cf. Bill Devall e George Session, *Deep Ecology. Living as if Nature Mattered*, Salt Lake City, 1985; trad. it. por Graziella Ricupero, *Ecologia profonda. Vivere come se la natura fosse importante*, Torino, 1989). A teoria de Gaia, defendida por James Lovelock (*Gaia. A New Look at Life on Earth*, Oxford, 1979; trad. it.: *Gaia. Nuove idee sull'ecologia*, Torino, 1989) [trad. port.: *Gaia: um novo olhar sobre a vida na Terra*, Lisboa, Edições 70, 1989], pode ser considerada um desenvolvimento extremo da perspectiva biocêntrica.

22. Cf. Eugene C. Hargrove, *Foundations for Environmental Ethics*, 1989 (trad. it.: *Fondamenti di etica ambientale*, Padova, 1990).

23. Cf., na primeira fase, Luigi Lombardi Vallauri, *Saggio sul diritto giurisprudenziale*, Milano, 1968. Entre ontologia e deontologia (ou política) do direito vejam-se: *Amicizia, carità, diritto. L'esperienza giuridica nella tipologia delle esperienze di rapporto*, Milano, 1969; *Corso di filosofia del diritto*, Padova, 1981. Finalmente, Luigi Lombardi Vallauri, org., *Il meritevole di tutela*, Milano, 1990.

24. Ver acima, p. 22.

25. Cf. Charles Taylor, *Sources of the Self. The Making of Modern Identity*, Cambridge, Mass., 1989 (trad. it.: *Radici dell'io. La costruzione dell'identità moderna*, Milano, 1993), e *Multiculturalism and "The Politics of Recognition"*, Princeton, N.J., 1992 (trad. it.: *Multiculturalismo. La politica del riconoscimento*, Milano, 1993). É particularmente importante o debate entre Taylor e Habermas, para o qual remetemos a Jürgen Habermas e C. Taylor, *Multiculturalismo: lotte per il riconoscimento*, Milano, 1998.

26. London, 1975.

27. Oxford, 1986. Cf. também Joseph Raz, *Ethics in the Public Domain. Essays in the Morality of Law and Politics*, Oxford, 1994; *Value*,

Respect and Attachment, Cambridge, 2001 (trad. it. por Leonardo Ceppa e Gianni Rigamonti, *La cittadinanza multiculturale*, Bologna, 1999) [trad. bras.: *Valor, respeito e apego*, São Paulo, Martins Fontes, 2004].

Outro autor que em sua reflexão sobre os problemas suscitados pela sociedade multicultural se remete ao liberalismo é Will Kymlicka, do qual recomendamos particularmente *Multicultural Citizenship: A Liberal Theory of Minorities Rights*, Oxford, 1995 (trad. it. por Giancarlo Gasperoni, *La cittadinanza multiculturale*, Bologna, 1999).

28. Da exigência de proteger os grupos minoritários nasceu também uma nova tipologia de direitos, os "direitos de grupo", em que os titulares não são, como na tradição democrático-liberal, os indivíduos singulares, mas os grupos culturais. A noção é extremamente problemática, tanto do ponto de vista teórico-jurídico quanto do ponto de vista prático. De fato existe o risco de que os membros "fortes" do grupo obtenham mais um poder para oprimir os membros "fracos". Daí as propostas de acompanhar os direitos de grupo por um "direito de saída" do grupo para aqueles membros que se sintam oprimidos. O debate e os estudos sobre essa questão ainda são muito vivos e controversos.

29. Joseph Raz, "Multiculturalism", in *Ratio Juris*, 1998, p. 197.

BIBLIOGRAFIA*

Obras de caráter geral: J. F. Herget, *Contemporary German Legal Philosophy*, London, 1993; H. McCoubrey-N. D. White, *Textbook on Jurisprudence*, London, 1993; N. Duxbury, *Patterns of American Jurisprudence*, Oxford, 1995; J. M. Kelly, *Storia del pensiero giuridico occidentale*, Bologna, 1996; W. Kymlicka, *Introduzione alla filosofia politica contemporanea*, Milano, 1996; J. W. Harris, *Legal Philosophies*, London-Edinburgh-Dublin, 1997; L. Ferrajoli, *La cultura giuridica nell'Italia del Novecento*, Roma-Bari, 1999; D. Patterson (org.), *A Companion to Philosophy of Law and Legal Theory*, Oxford, 1999²; G. Zanetti (org.), *Filosofi del diritto contemporanei*, Milano, 1999; N. Matteucci, *Filosofi politici contemporanei*, Bologna, 2001; G. Fassò, *Storia della filosofia del diritto*, atualização de C. Faralli, 3 vols., Roma-Bari, 2001; J. Coleman e S. Shapiro (orgs.), *Oxford Handbook of Jurisprudence and Philosophy of Law*, Oxford, 2002; G. Minda, *Teorie postmoderne del diritto*, Bologna, 2001; P. Di Lucia (org.), *Filosofia del diritto*, Milano, 2002; V. Villa, *Storia della filosofia del diritto analitica*, Bologna, 2003; M. Barberis, *Breve storia della filosofia del diritto*, Bologna, 2004; E. Pattaro (org.), *A Treatise of Legal Philosophy and General Jurisprudence*, 5 vols., Dordrecht, 2005.

Sobre J. Rawls: B. Barry, *The Liberal Theory of Justice. A Critical Examination of the Principal Doctrines in "A Theory of Justice" by John*

---

* A presente bibliografia não tem, de modo algum, a aspiração de ser exaustiva. Ela foi concebida unicamente como um subsídio, tanto para o estudante quanto para o pesquisador interessado numa investigação mais aprofundada (por esse motivo privilegiou-se a literatura crítica italiana). Para as obras principais dos autores examinados (incluindo as traduções italianas), remetemos às notas do texto.

Rawls, Oxford, 1973; H. L. A. Hart, Rawls on Liberty and Its Priority, in N. Daniels (org.), Reading Rawls. Critical Studies on Rawls' "A Theory of Justice", Stanford, 1975, pp. 230-52; R. Wolff, Understanding Rawls, Princeton, 1977; M. Sandel, Liberalism and the Limits of Justice, Cambridge, 1982 (trad. it. Il liberalismo e limiti della giustizia, Milano, 1994); M. Introvigne, I due principi di giustizia nella teoria di Rawls, Milano, 1983; P. Comanducci, Contrattualismo, utilitarismo, garanzie, Torino, 1984; R. Bellamy (org.), Liberalism and Recent Legal and Social Philosophy, número monográfico de ARSP, 1989; R. E. Goodin e A. Reeve (orgs.), Liberal Neutrality, London-New York, 1989; W. Kymlicka, Liberalism, Community and Culture, Oxford, 1989; C. Kukathas, Ph. Pettit, Rawls, "A Theory of Justice" and Its Critics, Cambridge, 1990; W. Sadurski, Moral Pluralism and Legal Neutrality, Dordrecht-Boston-London, 1990; S. Avineri e A. De Shalit (orgs.), Communitarianism and Individualism, Oxford, 1992; B. De Filippis, Il problema della giustizia in Rawls, Napoli, 1992; S. Mulhall e A. Swift, Liberals and Communitarians, Oxford, 1992; J. Gray, Postliberalism. Studies in Political Thought, New York-London, 1993; J. Waldron, Liberal Rights, Cambridge, 1993; P. Marrone (org.), Le libertà fondamentali: Herbert L. Hart, John Rawls, Torino, 1994; V. Jorio, Istituzioni pubbliche e consenso in John Rawls, Napoli, 1995; C. Larmore, The Morals of Modernity, Cambridge, 1996; S. Veca, Giustizia e liberalismo politico, Milano, 1996; C. R. Beitz, Rawls's Law of People, in "Ethics", 2000, pp. 669-96; A. Ferrara (org.), Comunitarismo e liberalismo, Roma, 2000[2]; A. Buchanan, Rawls's Law of People: Rules for a Vanished Westphalian World, in "Ethics", 2000, pp. 697-721; M. Calloni, Liberali e democratici di fronte alle critiche di genere: le risposte di Rawls, Dworkin e Habermas, in A. Ferrara (org.), Etica individuale e giustizia, Napoli, 2000; V. Davion e C. Wolf (orgs.), The Idea of a Political Liberalism. Essays on Rawls, Lanham, 2000; A. Verza, La neutralità impossibile, Milano, 2000; C. Gambescia, Rawls, Roma, 2001; E. Kelly, Rawls recente, in "Filosofia e questioni pubbliche", 2001, pp. 163-72; S. Maffettone, Il vincolo etico e la politica: Habermas e Rawls, in L. Tundo (org.), Etica e società di giustizia, Bari, 2001; S. Freeman (org.), The Cambridge Companion to Rawls, Cambridge, 2002; F. Sciacca (org.), Libertà fondamentali in John Rawls, Milano, 2002; E. Pattaro e A. Verza, La realistica utopia della giustizia. Addio a John Rawls, in RIFD, 2003, pp. 137-72; I. Salvatore, Giustizia e liberalismo politico in John Rawls, in "Rivista di filosofia", 2003, pp. 415-38; F. Pizzoli, Il pensiero politico di John Rawls e le sue ascendenze kantiane, in "Filosofia politica", 2004, pp. 199-228; A. Punzi (org.), Omaggio a

John Rawls (1921-2002): giustizia, diritto, ordine internazionale. Justice, Law, International Order, Milano, 2004; J. Rawls, H. L. A. Hart, *Le libertà fondamentali*, Roma, 2004.

Sobre **R. Dworkin**: D. B. Lyons, *Principles, Positivism and Legal Theory*, in "Yale Law Review", 1977, pp. 415 ss.; J. Raz, *Dworkin's Theory of Rights*, in "Political Studies", 1978, pp. 123-37; S. Bartole, *In margine a "Taking Rights Seriously" di Dworkin*, in "Materiali per una storia della cultura giuridica", 1980, pp. 185-208; G. R. Carrio, *Le opinioni del prof. Dworkin sul positivismo giuridico*, in "Materiali per una storia della cultura giuridica", 1980, pp. 143-82; C. S. Nino, *Dworkin and Legal Positivism*, in "Mind", 1980, pp. 519-43; G. Rebuffa, *Costituzionalismo e giusnaturalismo: Ronald Dworkin e la riforma del diritto naturale*, in "Materiali per una storia della cultura giuridica", 1980, pp. 209-29; A. Pintore, *Norme e principi. Una critica a Dworkin*, Milano, 1982; S. Fish, *Working on the Chain Gang. Interpretation in Law and Literature*, in W. J. T. Mitchell (org.), *The Politics of Interpretation*, Chicago, 1983, pp. 271-86; R. Guastini, *Soluzioni dubbie. Lacune e interpretazione secondo Dworkin*, in "Materiali per una storia della cultura giuridica", 1983, pp. 449-68; M. Cohen (org.), *Ronald Dworkin and Contemporary Jurisprudence*, Totowa, N.J., 1984; S. Maffettone, *Prendere sul serio Dworkin*, Napoli, 1984; B. Pastore, *I principi ritrovati*, Palermo, 1985; P. Chiassoni, *L'antiscetticismo panglossiano di Ronald Dworkin*, in "Materiali per una storia della cultura giuridica", 1987, pp. 213-35; J. Coleman (org.), *Dworkin's "Law's Empire"*, in "Law and Philosophy", 1987; C. Bittner, *Recht als interpretative Praxis. Zu Ronald Dworkins allgemeiner Theorie des Rechts*, Berlin, 1988; D. O. Brink, *Legal Theory, Legal Interpretation and Judicial Review*, in "Philosophy & Public Affairs", 1988, pp. 105-50; R. Guastini, *Some Remarks on the Conceptual Framework of "Law's Empire"*, in "Ratio Juris", 1988, pp. 176-80; J. Lenoble, *La théorie de la cohérence narrative en droit. Le débat Dworkin-MacCormick*, in "Archives de philosophie du droit", 1988, pp. 121-39; M. Troper, *Judges Taken Too Seriously. Professor Dworkin's Views on Jurisprudence*, in "Ratio Juris", 1988, pp. 162-75; S. W. Ball, *Dworkin and His Critics. The Relevance of Ethical Theory in Philosophy of Law*, in "Ratio Juris", 1990, pp. 340-84; K. Henley, *Protestant Hermeneutics and the Rule of Law. Gadamer and Dworkin*, in "Ratio Juris", 1990, pp. 14-28; A. Pintore, *La teoria analitica dei concetti giuridici*, Napoli, 1990, pp. 143-82; S. Guest, *Ronald Dworkin*, Edinburgh, 1992; A. Hunt (org.), *Reading Dworkin Critically*, Oxford, 1992; A. Marmor, *Interpretation and Legal Theory*, Oxford, 1992; K. Sullivan, *Law as an Interpretative Concept. A Study of the*

Legal Philosophy of Ronald Dworkin, Ann Arbor, 1992; B. Pastore, *Integrità, tradizione, interpretazione*, in *RIFD*, 1993, pp. 43-78; J. Waldron, *A Right-Based Critique of Constitutional Rights*, in "Oxford Journal of Legal Studies", 1993, pp. 18-51; L. Prieto Sanchiz, *Quattro domande sulla teoria del diritto di Dworkin*, in "Analisi e diritto", 1994, pp. 265-89; G. Zaccaria, *R. Dworkin e l'ermeneutica*, in id., *Questioni di interpretazione*, Padova, 1996, pp. 197-246; D. Eisele, *Taking Our Actual Constitution Seriously*, in "Michigan Law Review", 1997, pp. 1799-1838; E. J. McCaffery, *Ronald Dworkin, Inside-Out*, in "California Law Review", 1997, pp. 1043-86; A. García Figueroa, *Principios y positivismo jurídico. Él non positivismo principialista en las teorías de Ronald Dworkin y Robert Alexy*, Madrid, 1998; S. C. Sagnotti, *I diritti tra storia e morale. Riflessioni sul pensiero di R. Dworkin*, Milano, 1998; A. Schiavello, *Diritto come integrità: incubo o nobile sogno*, Torino, 1998; G. Zaccaria, *Precomprensione, principi e diritti nel pensiero di Josef Esser. Un confronto con Ronald Dworkin*, in "Ragion pratica", 1998, pp. 135-52; G. Bongiovanni, *Teorie "costituzionalistiche" del diritto. Morale, diritto e interpretazione in R. Alexy e R. Dworkin*, Bologna, 2000; R. H. Pildes, *Dworkin's Two Conceptions of Rights*, in "Journal of Legal Studies", 2000, pp. 309-15; T. Endicott, *Are There Any Rules?*, in "Journal of Ethics", 2001, pp. 199-220; S. Pozzolo, *Neocostituzionalismo e positivismo giuridico*, Torino, 2001; N. Barry, *Ronald Dworkin and the Transformation of Law*, London, 2002; B. Donohue, *Judicial Hegemony: Dworkin's Freedom's Law and the Spectrum of Constitutional Democracies*, in "Ratio Juris", 2002, pp. 267-82; K.-E. Himma, *Ambiguously Stung: Dworkin's Semantic Sting Reconfigured*, in "Legal Theory", 2002, pp. 145-83; A. Levin, *The Partecipant Perspective*, in "Law and Philosophy", 2002, pp. 567-617; T. Mazzarese (org.), *Neocostituzionalismo e tutela (sovra)nazionale dei diritti fondamentali*, Torino, 2002; J. R. Wallach, *American Constitutionalism and Democratic Value*, in "Ratio Juris", 2002, pp. 219-41; A. Williams, *Dworkin on Capability*, in "Ethics", 2002, pp. 23-39; B. Leiter, *Beyond the Hart/Dworkin Debate: The Methodology Problem in Jurisprudence*, in "American Journal of Jurisprudence", 2003, pp. 17-51; J. Burley (org.), *Dworkin and His Critics*, Malden, 2004; J. Mahoney, *Objectivity, Interpretation, and Rights: A Critique to Dworkin*, in "Law and Philosophy", 2004, pp. 187-222; R. M. Watkins-Bienz, *Die Hart-Dworkin Debatte: ein Beitrag zu den internationals Kontroversen der Gegenwart*, Berlin, 2004; G. Bongiovanni, *Costituzionalismo e teoria del diritto*, Roma-Bari, 2005.

Sobre **J. Habermas**: Ch. Koreng, *Norm und Interaktion bei Jürgen Habermas*, Düsseldorf, 1979; G. Gozzi, *Linguaggio, Stato, lavoro. Jürgen*

Habermas: teoria e ideologia, Firenze, 1980; Ph. Pettit, *Habermas on Truth and Justice*, in G. H. R. Parkinson (org.), *Marx and Marxisms*, Cambridge, 1982; G. Haarscher, *Perelman and Habermas*, in "Law and Philosophy", 1986, pp. 331-42; Ch. A. Husson, *Expanding the Legal Vocabulary. The Challenge Posed by the Deconstruction and Defense of Law*, in "Yale Law Journal", 1986, pp. 969-91; K. Raes, *Legalisation, Communication and Strategy. A Critique of Habermas' Approach to Law*, in "Journal of Law and Society", 1986, pp. 183-206; A. Brand, *Ethical Rationalization and "Juridification". Habermas' Critical Legal Theory*, in "Australian Journal of Law and Society", 1987, pp. 103-27; A. Felts e C. B. Fields, *Technical and Symbolic Reasoning. An Application of Habermas' Ideological Analysis to the Legal Arena*, in "Quarterly Journal of Ideology", 1988, pp. 1-15; D. M. Rasmussen, *Communication Theory and the Critique of the Law. Habermas and Unger on the Law*, in "Praxis International", 1988, pp. 155-70; M. Dan-Cohen, *Law, Community, and Communication*, in "Duke Law Journal", 1989, pp. 1654-76; U. K. Preuss, *Rationality Potentials of Law: Allocative, Distributive and Communicative Rationality*, in C. Joerges e D. M. Trubek (orgs.), *Critical Legal Thought: An American-German Debate*, Baden-Baden, 1989; K. Tuori, *Discourse Ethics and the Legitimacy of Law*, in "Ratio Juris", 1989, pp. 125-43; K. Günther, *Impartial Application of Moral and Legal Norms. A Contribution to Discourse Ethics*, in D. M. Rasmussen (org.), *Universalism vs. Communitarianism: Contemporary Debates in Ethics*, Cambridge, 1990; D. Ingram, *Dworkin, Habermas, and the CLS Movement on Moral Criticism in Law*, in "Philosophy and Social Criticism", 1990, pp. 237-68; W. van der Burg, *Jürgen Habermas on Law and Morality. Some Critical Comments*, in "Theory, Culture and Society", 1990, pp. 105-11; S. K. White, *The Recent Work of Jürgen Habermas. Reason, Justice and Modernity*, Cambridge, 1990²; K. Baynes, *The Normative Grounds of Social Criticism. Kant, Rawls, and Habermas*, Albany, 1992; C. Calhoun (org.), *Habermas and the Public Sphere*, Cambridge, Mass., 1992; S. Raffel, *Habermas, Lyotard and the Concept of Justice*, London, 1992; S. M. Feldman, *The Persistence of Power and the Struggle for Dialogic Standards in Postmodern Constitutional Jurisprudence. Michelman, Habermas, and Civic Republicanism*, in "Georgetown Law Journal", 1993, pp. 2243-90; B. Scheuerman, *Neumann vs. Habermas. The Frankfurt School and the Case of the Rule of Law*, in "Praxis International", 1993, pp. 50-67; S. Costantino, *Sfere di legittimità e processi di legittimazione. Weber, Schmitt, Luhmann, Habermas*, Torino, 1994; M. Rosenfeld, *Law as Discourse. Bridging the Gap between Democracy and Rights*, in "Harvard Law Review", 1995, pp. 1163-90; M. Deflem e D. M. Rasmussen, *Habermas,*

Modernity and Law, London, 1996; M. Power e R. Laughlin, *Habermas, Law and Accounting*, in "Organizations and Society", 1996, pp. 441-66; W. Krawietz e G. Preyer (orgs.), *System der Rechte, demokratischer Rechtsstaat und Diskurstheorie des Rechts nach Jürgen Habermas*, Berlin, 1998; M. Rosenfeld e A. Arato (orgs.), *Habermas on Law and Democracy: Critical Exchanges*, Berkeley, 1998; K.-O. Apel, *Zum Verhältnis von Moral, Recht und Demokratie: eine Stellungnahme zu Habermas Rechtsphilosophie aus transzendentalpragmatischer Sicht*, in P. Siller (org.), *Rechtsphilosophische Kontroversen der Gegenwart*, Baden-Baden, 1999; K. L. Avio, *Habermasian Ethics and Institutional Law and Economics*, in "Kyklos", 1999, pp. 511-36; M. Bookman, *Still Facing "the Dilemma of the Fact": Gilligan and Habermas (Re)visited*, in "Denver University Law Review", 1999, pp. 977-87; R. Forst, *Die Rechtfertigung der Gerechtigkeit: Rawls politischer Liberalismus und Habermas Diskurstheorie in der Diskussionpublik*, in H. Brunkhorst e P. Niesen (orgs.), *Das Recht der Republik*, Frankfurt am Main, 1999; J. Habermas, *Wahrheit und Rechtfertigung*, Frankfurt am Main, 1999; S. Krause e K. Malowitz, *Zum Begriff der Gerechtigkeit in der Diskursethik von Jürgen Habermas*, in H. Münkler e M. Llanque (orgs.), *Konzeptionen der Gerechtigkeit: Kulturvergleich, Ideengeschichte, moderne Debatte*, Baden-Baden, 1999; J. P. McCormick, *Three Ways of Thinking "Critically" about the Law*, in "The American Political Science Review", 1999, pp. 413-29; F. Sciacca, *Validità normativa come accettabilità razionale? Habermas e la revisione pragmatico-contestuale del principio di discorso*, Pisa, 1999; B. Z. Tamanaha, *The View of Habermas from Below: Doubts about the Centrality of Law and the Legitimation Enterprise*, in "Denver University Law Review", 1999, pp. 989-1008; K. L. Avio, *Scarcity, Discourses of Implementation, and Habermasian Law and Democracy*, in "Ratio Juris", 2000, pp. 148-61; R. Brandom, *Facts, Norms, and Normative Facts. A Reply to Habermas*, in "European Journal of Philosophy", 2000, pp. 356-74; R. Giovagnoli, *Habermas: agire comunicativo e Lebenswelt*, Roma, 2000; D. Kellner (org.), *Perspectives on Habermas*, Chicago, 2000; D. M. H. Meuwissen, *Reflections on Habermas's Legal Theory and Human Rights*, in P. Mahoney e R. Ryssdal (orgs.), *Protection des droits de l'homme*, Köln, 2000; S. O'Neill, *The Politics of Inclusive Agreements: Towards a Critical Discourse Theory of Democracy*, in "Political Studies", 2000, pp. 503-22; S. Petrucciani, *Introduzione a Habermas*, Roma-Bari, 2000; A. Pinzani, *Diskurs und Menschenrechte. Habermas' Theorie der Rechte im Vergleich*, Hamburg, 2000; M. Scheyli, *Politische Öffentlichkeit und deliberative Demokratie nach Habermas. Institutionelle Gestaltung durch direktdemokratische Beteiligungsformen?*, Baden-Baden, 2000; O. Weinberger, *Ha-*

bermas on Democracy and Justice. Limits of a Sound Conception, in M. W. Fischer et alii (orgs.), Aus intellektuellem Gewissen. Aufsätze von Ota Weinberger über Grundlagenprobleme der Rechts wissenschaft und Demokratietheorie, Berlin, 2000; L. Ceppa, I contenuti della democrazia habermasiana, in "Teoria politica", 2001, pp. 47-64; J. L. Marsh, Unjust Legality. A Critique of Habermas's Philosophy of Law, Lanham, 2001; M. B. Matustik, J. Habermas: A Philosophical-Political Profile, Lanham, 2001; U. Steinhoff, Kritik der kommunikativen Rationalitat: Eine Gesamtdarstellung und Analyse der kommunikationstheoretischen jungeren Kritischen Teorie, Marsberg, 2001; G. M. Nielsen, The Norms of Answerability. Social Theory between Bakhtin and Habermas, Albany, 2002; M. Sozio, Pubblicità e diritto in J. Habermas, Bari, 2002; R. von Schomberg (org.), Discourse and Democracy: Essays on Habermas's Between Facts and Norms, New York, 2002; A. Abignente, Legittimazione, discorso, diritto: il proceduralismo di Jürgen Habermas, Napoli, 2003; S. Castignone, Rischi o vantaggi di una genetica liberale? Riflessioni su di un recente saggio di Habermas, in "Materiali per una storia della cultura giuridica", 2004, pp. 239-44.

Sobre **R. Alexy**: L. Gianformaggio, Il gioco della giustificazione. Osservazioni in margine ad una teoria procedurale dell'argomentazione giuridica, in "Materiali per una storia della cultura giuridica", 1984, pp. 475-504; K. Günther, A Normative Conception of Coherence for a Discursive Theory of Legal Justification, in "Ratio Juris", 1989, pp. 155-66; I. Dwars, Application Discourse and the Special Case Thesis, in "Ratio Juris", 1992, pp. 67-78; E. Bulygin, Alexy und das Richtigkeitsargument, in A. Aarnio et alii (orgs.), Rechtsnorm und Rechtswirklichkeit. Festschrift für Werner Krawietz zum 60. Geburtstag, Berlin, 1993; K. Günther, Critical Remarks on Robert Alexy's "Special Case Thesis", in "Ratio Juris", 1993, pp. 143-56; A. Engländer, Zur begrifflichen Möglichkeit des Rechts positivismus. Eine Kritik des Richtigkeitsarguments von Robert Alexy, in "Rechtstheorie", 1997, pp. 437-85; G. Bongiovanni, R. Alexy e il costituzionalismo, in id. (org.), La filosofia del diritto costituzionale e i problemi del liberalismo contemporaneo, Bologna, 1998; A. García Figueroa, Principios y positivismo jurídico. El non positivismo principialista en las teorías de Ronald Dworkin y Robert Alexy, Madrid, 1998; P. Gril, Die Möglichkeit praktischer Erkenntnis aus Sicht der Diskurstheorie. Eine Untersuchung zu Jürgen Habermas und Robert Alexy, Berlin, 1998; G. Pavlakos, The Special Case Thesis. An Assessment of R. Alexy's Discursive Theory of Law, in "Ratio Juris", 1998, pp. 126-54; A. Rotolo, Morale, diritto e discorso pratico. Il contributo di R. Alexy, in G. Bongiovanni (org.), La filosofia del *diritto costituzionale e i problemi del liberalismo contemporaneo*, Bologna, 1998; E. Bulygin, *Alexy's Thesis of The Necessary Connection Between Law and Morality*, in "Ratio Juris", 2000, pp. 133-37; G. Bongiovanni, *Teorie costituzionalistiche del diritto. Morale, diritto e interpretazione in R. Alexy e R. Dworkin*, Bologna, 2000; R. Alexy, H. J. Koch, L. Kuhlen e H. Rüßmann, *Elemente einer juristischen Begründungslehre*, Baden-Baden, 2003; A. J. Menéndez e E. O. Eriksen (orgs.), *Fundamental Rights Through Discourse. On Robert Alexy`s Legal Theory. European and Theoretical Perspectives*, Oslo, 2004.

Sobre **C. S. Nino**: J. Malem Seña, *Carlos Santiago Nino: A Bio-Bibliographical Sketch*, in "Interamerican Law Review", 1995, pp. 45-105; C. S. Nino, *Radical Evil on Trial*, New Haven, 1996; R. Alexy, *Carlos Santiago Ninos Begründung der Menschenrechte*, in B. Ziemske (org.), *Staatsphilosophie und Rechtspolitik. Festschrift für Martin Kriele zum 65. Geburtstag*, München 1997, pp. 187-217; M. Barberis, *Neocostituzionalismo, democrazia e imperialismo della morale*, in "Ragion pratica", 2000, pp. 147-62; A. J. Menéndez, *Constituting Deliberative Democracy*, in "Ratio Juris", 2000, pp. 405-23.

Sobre **J. M. Finnis**: D. Beyleveld, R. Brownsword, *Law as a Moral Judgement*, London, 1986; R. Hittinger, *A Critique of the New Natural Law Theory*, Notre Dame, Ind., 1987; P. Simpson, *Practical Knowing: Finnis and Aquinas*, in "The Modern Schoolman", 1990, pp. 111-22; C. Covell, *The Defence of Natural Law. A Study of the Ideas of Law and Justice in the Writings of Lon L. Fuller, Michael Oakeshott, F. A. Hayek, Ronald Dworkin and John Finnis*, New York, 1992; N. MacCormick, *Natural Law and the Separation of Law and Morals*, in R. P. George (org.), *Natural Law Theory. Contemporary Essays*, Oxford, 1992; W. Mommsen, *Christliche Ethik und Teleologie. Eine Untersuchung der ethischen Normierungstheorien von Germain Grisez, John Finnis und Alan Donagan*, Altenberge, 1993; Th. A. Fay, *La teoria della legge naturale di San Tommaso. Alcune recenti interpretazioni*, in "Divus Thomas", 1994, pp. 209-16; G. J. Dalcourt, *Finnis and Legal Language and Reasoning*, in "The American Journal of Jurisprudence", 1995, pp. 49-69; M. C. Murphy, *Self-Evidence, Human Nature, and Natural Law*, in "American Catholic Philosophical Quarterly", 1995, pp. 471-84; Th. W. Smith, *Finnis' Questions and Answers: An Ethics of Hope or Fear?*, in "The American Journal of Jurisprudence", 1995, pp. 27-48; P. C. Westerman, *The Disintegration of Natural Law Theory. Aquinas to Finnis*, Leiden, 1998; S. Aivar, *The*

Problem of Law's Authority: John Finnis and Joseph Raz on Legal Obligation, in "Law and Philosophy", 2000, pp. 465-89; N. Biggar e R. Black, *The Revival of Natural Law. Philosophical, Theological and Ethical Responses to the Finnis-Grisez School*, Aldershot, 2000; L. Dewan, *St. Thomas, John Finnis, and the Political Good*, "The Thomist", 2000, pp. 337-74; C. I. Massini Correas, *Justicia y derecho en "Ley natural y derechos naturals" de John Finnis*, in "Sapientia", 2000, pp. 557-68; G. Ramirez e V. Jaime, *Fundamentacion del derecho en la ley natural en la obra de John Finnis*, Roma, 2000; S. A. Long, *Saint Thomas through the Analytic Looking-glass (John Finnis' Interpretation of the Thomistic Doctrine of Natural Law)*, in "The Thomist", 2001, pp. 259-300; M. Pakluk, *Is the Common Good of Political Society Limited and Instrumental?*, in "Review of Metaphysics", 2001, pp. 57-94; A. Gomez-Lobo (org.), *Morality and the Human Goods: An Introduction to Natural Law Ethics*, Washington, 2002; J. Rinoy, *Specific Absolute Moral Norms in John Finnis*, Roma, 2003.

Sobre **J. Raz**: J. Waldron, *Autonomy and Perfectionism in Raz's Morality of Freedom*, in "Southern California Law Review", 1989, pp. 1098-152; M. D. Farrell, *Autonomy and Paternalism. The Political Philosophy of Joseph Raz*, in "Ratio Juris", 1991, pp. 52-60; S. Mulhall e A. Swift, *Raz: The Politics of Perfection*, in *Liberals and Communitarians*, Oxford, 1992; R. P. George, *Pluralistic Perfectionism and Autonomy. Raz on "The Proper Way to Enforce Morality"*, in R. P. George, *Making Men Moral*, Oxford, 1993, pp. 161-88; C. Wolfe, *Being Worthy of Trust. A Response to Joseph Raz*, in R. P. George (org.), *Natural Law, Liberalism and Morality*, Oxford, 1996, pp. 131-50; R. Crisp, *Raz on Well-being*, in "Oxford Journal of Legal Studies", 1997, pp. 499-516; C. Robertson, *The State as Rational Authority: An Anarchist Justification of Government*, in "Oxford Journal of Legal Studies", 1998, pp. 617-30; S. Aiyar, *The Problem of Law's Authority: John Finnis and Joseph Raz on Legal Obligation*, in "Law and Philosophy", 2000, pp. 465-80; A. Halpin, *Law, Autonomy and Reason*, in "Canadian Journal of Law and Jurisprudence", 2000, pp. 75-102; K. E. Himma, *The Instantiation Thesis and Raz's Critique of Inclusive Positivism*, in "Law and Philosophy", 2001, pp. 61-79; D. McCabe, *Joseph Raz and the Contextual Argument for Liberal Perfectionism*, in "Ethics", 2001, pp. 493-522; S. Coyle, *Hart, Raz and the Concept of a Legal System*, in "Law and Philosophy", 2002, pp. 275-304; A. Schiavello, *Il positivismo giuridico anglosassone: da Herbert L. A. Hart a Joseph Raz*, Torino, 2002; P. Durning, *Joseph Raz and the Instrumental Justification of a Duty to Obey the Law*, in "Law and Philosophy", 2003, pp. 597-620; J. Goldsworthy, *Raz on Constitutional Interpretation*, in "Law and Philosophy", 2003, pp. 167-93; L. H. Meyer, S. L. Paulson e T. W. Pogge (orgs.), *Rights, Culture and the Law: Themes from the Legal and Political Philosophy of Joseph Raz*, Oxford, 2003; A. Schiavello, *Autorità legittima e diritto nel pensiero di Joseph Raz*, in "Materiali per una storia della cultura giuridica", 2004, pp. 363-84; R. J. Wallace e P. Pettit (orgs.), *Reason and Value: Themes from the Moral Philosophy of Joseph Raz*, Oxford, 2004.

Sobre o **neo-institucionalismo**: P. Koller, *Über Ota Weinbergers Zugang zur Theorie der Normen und zur Strukturtheorie des Rechts*, in "Rechtstheorie", 1984, pp. 269-76; W. Krawietz, H. Schelsky, G. Winkler e A. Schramm (orgs.), *Theorie der Normen. Festgabe für Ota Weinberger zum 65. Geburtstag*, Berlin, 1984; *Grazer Rechtsphilosophie in Selbstdarstellungen*, Graz, 1985; A. Pintore, *Da Ross a MacCormick. Recenti sviluppi nella teoria analitica dei concetti giuridici*, in *Studi economico-giuridici in memoria di Antonio Basciu*, Napoli, 1986; M. La Torre, *La filosofia del diritto a Graz*, in "Materiali per una storia della cultura giuridica", 1987, pp. 198 ss.; Z. Bankowski, *Institutional Legal Positivism?*, in "Rechtstheorie", 1989, pp. 289 ss.; M. La Torre, *Ota Weinberger e la teoria "formal-finalistica"dell'azione*, in "Analisi e diritto", 1990, pp. 115 ss.; M. La Torre, *Professor Weinberger's Lectures on Jurisprudence*, in "Ratio Juris", 1992, pp. 120-25; C. Faralli, *Normative Institutionalism and Normative Realism. A Comparison*, in "Ratio Juris", 1993, pp. 181-89; M. La Torre, *Institutionalism Old and New*, in "Ratio Juris", 1993, pp. 190-201; P. Koller, W. Krawietz e P. Strasser (orgs.), *Institution und Recht. Grazer Internationales Symposium zu Ehren von Ota Weinberger*, Berlin, 1994; M. La Torre, *Linguaggio, norme, istituzioni. Contributo a una teoria istituzionalistica del diritto*, Firenze, 1995; F. J. Ansuátegui Roig, *El positivismo jurídico neoinstitucionalista. Una aproximación*, Madrid, 1996; M. La Torre, *Norme, istituzioni, valori. Per una teoria istituzionalistica del diritto*, Roma-Bari, 1999; M. Fischer, P. Koller e W. Krawietz (orgs.), *Aus intellektuellem Gewissen. Aufsätze von Ota Weinberger über Grundlagenprobleme der Rechtswissenschaft und Demokratietheorie. Eine Auswahl zum achtzigsten Geburtstag des Autors*, Berlin, 2000; M. Fischer e G. Kreuzbauer (orgs.), *Recht und Weltanschauung*, Frankfurt am Main, 2000; G. Kreuzbauer, *Ota Weinberger zu Ehren*, in "Rechtstheorie", 2000, pp. 137-41; R. Schröder, *Rechtsfrage und Tatfrage in der normativistischen Institutionentheorie Ota Weinbergers: Kritik eines institutionalistischen Rechtspositivismus*, Berlin, 2000; P. Koller, *Grazer Rechtsphilosophie im 20. Jahrhundert: Johann Mokre und Ota Weinberger*, in T. Binder (org.), *Bausteine zu einer Geschichte der Philosophie an der Universitat Graz*, New York, 2001.

Sobre os **Critical Legal Studies**: A. Hutchinson (org.), *Critical Legal Studies*, Totowa, 1982; H. J. Berman, *Law and Revolution. The Formation of the Western Legal Tradition*, Cambridge, Mass., 1983; M. Kelman, *Trashing*, in "Stanford Law Review", 1984, pp. 293-348; D. Kennedy e K. E. Klare, *A Bibliography of Critical Legal Studies*, in "The Yale Law Journal", 1984; D. Trubeck, *Where the Action Is: Critical Legal Studies and Empiricism*, in "Stanford Law Review", 1984, pp. 589-616; M. V. Tushnet, *Critical Legal Studies and Constitutional Law: An Essay in Deconstruction*, in "Stanford Law Review", 1984, pp. 432-56; *Critical Legal Studies Symposium*, in "Stanford Law Review", 1984; *Symposium on Critical Legal Studies*, in "Cardozo Law Review", 1985; *A Discussion on Critical Legal Studies at the Harvard Law School. Presented by the Harvard Society for Law & Public Policy and the Federalist Society for Law & Public Policy Studies*, Cambridge, Mass.-Washington, 1985; Harvard Law Review Association, *Critical Legal Studies: Articles, Notes, and Book Reviews Selected from the Pages of the Harvard Law Review*, Cambridge, Mass., 1986; P. Goodrich, *Reading the Law*, Oxford, 1986; A. Hunt, *The Theory of Critical Legal Studies*, in "Oxford Journal of Legal Studies", 1986, pp. 1-45; *Professing Law: a Colloquy on Critical Legal Studies*, in "St. Louis University Law Journal", 1986; R. M. Unger, *The Critical Legal Studies Movement*, Cambridge, Mass., 1986; P. Fitzpatrick e A. Hunt (orgs.), *Critical Legal Studies*, Oxford, 1987; M. Kelman, *A Guide to Critical Legal Studies*, Cambridge, Mass., 1987; T. J. Watts, *Critical Legal Studies and Sociological Jurisprudence. Social and Cultural Factors in the Administration of Justice*, Monticello, III, 1987; J. Stick, *Charging the Development of Critical Legal Studies*, in "Columbia Law Review", 1988, pp. 409-521; J. W. Harris, *Unger's Critique of Formalism in Legal Reasoning*, in "Modern Law Review", 1989, pp. 42 ss.; A. C. Hutchinson (org.), *Critical Legal Studies*, Totowa, N.Y., 1989; A. Altman, *Critical Legal Studies: A Liberal Critique*, Princeton, 1990; P. Goodrich, *Legal Discourse*, New York, 1990; K. Günther e J. W. Goethe, *Hero-politics in Modern Legal Times. Presuppositions of Critical Legal Studies and Their Critique*, Madison, Wiss., 1990; K. E. Klare, *Teoria critica e diritto dei rapporti di lavoro*, in "Democrazia e diritto", 1990, pp. 354-73; N. MacCormick, *Reconstruction after Deconstruction: A Response to CLS*, in "Oxford Journal of Legal Studies", 1990, pp. 545-62; M. J. Perry (org.), *Critique and Construction. A Symposium on Roberto Unger's Politics*, Cambridge, Mass., 1990; D. Ingram, *Dworkin, Habermas, and the CLS Movement on Moral Criticism in Law*, in "Philosophy and Social Criticism", 1991, pp. 237-68; M. V. Tushnet, *CLS: A Political History*, in "The Yale Law Journal", 1991, pp. 1515-44; J. Boyle (org.), *Critical Legal*

Studies, Aldershot, 1992; A. Carrino, *Ideologia e coscienza. Critical Legal Studies*, Napoli, 1994; C. Douzinas, P. Goodrich e Y. Hachamovitch (orgs.), *Politics, Postmodernity, and Critical Legal Studies. The Legality of the Contingent*, London-New York, 1994; J. Leonard (org.), *Legal Studies as Cultural Studies*, New York, 1995; R. W. Bauman, *Critical Legal Studies: A Guide to the Literature*, Boulder, Col. 1996; G. Binder, *Critical Legal Studies*, in D. Patterson (org.), *A Companion to Philosophy of Law*, Oxford, 1996, pp. 280-90; J. A. Pérez Lledo, *El movimiento Critical Legal Studies*, Madrid, 1996; D. Kairys (org.), *The Politics of Law: A Progressive Critique*, New York, 1998; D. S. Caudill, *Law and Belief: Critical Legal Studies and Philosophy of Law-idea*, in M. W. McConnell, R. F. Cochran Jr. e A. C. Carmella (orgs.), *Christian Perspectives on Legal Thought*, New Haven, 2001; R. W. Bauman, *Ideology and Community in the First Wave of Critical Legal Studies*, Toronto, 2002; D. Kennedy, *The Critique of Rights in Critical Legal Studies*, in W. Brown e J. E. Halley (orgs.), *Left Legalism/Left Critique*, Durham, 2002; M. J. Horwitz, *La trasformazione del diritto americano, 1870-1960*, tradução por M. R. Ferrarese, Bologna, 2004

Sobre a **análise econômica do direito**: J. P. Brown, *Toward an Economic Theory of Liability*, in "Journal of Legal Studies", 1973, pp. 323-49; E. Backer, *The Ideology of The Economic Analysis of Law*, in "Philosophy & Public Affairs", 1975, pp. 3-48; G. Calabresi, *Costo degli incidenti e responsabilità civile. Analisi economico-giuridica*, prefácio de S. Rodotà, Milano 1975; G. Alpa, *Colpa e responsabilità nella prospettiva di una "analisi economica del diritto"*, in "Politica del diritto", 1976, pp. 431-48; G. S. Becker, *The Economic Approach to Human Behavior*, Chicago-London, 1976; A. Alchian, *Economic Forces at Work*, Indianapolis, 1977; B. H. Siegan, *The Interaction of Economics and Law*, Laxington Mars, 1977; F. I. Michelman, *Norms and Normativity in the Economic Analysis of Law*, in "Minnesota Law Review", 1978, pp. 1015-48; G. Minda, *The Lawyer-Economist at Chicago: Richard A. Posner and the Economic Analysis of Law*, in "Ohio State Law Journal", 1978, pp. 439 ss.; W. Z. Hirsch, *Law and Economics: An Introductory Analysis*, New York, 1979; M. Horowitz, *Law and Economics: Science or Politics?*, in "Hofstra Law Review", 1980, pp. 905-12; G. Alpa, F. Pulitini e S. Rodotà (orgs.), *Interpretazione giuridica e analisi economica*, Milano, 1982; C. Veljanovski, *The New Law-and-Economics. A Research Review*, Oxford, 1982; E. Kitch (org.), *The Fire of Truth. A Remembrance of Law and Economics at Chicago, 1932-1970*, in "Journal of Law and Economics", 1983, pp. 163-234; E. W. Kitch, *The Intellectual Foundations of Law and*

Economics, in "Journal of Legal Education", 1983, pp. 184-196; C. J. Goetz, *Law and Economics: Cases and Materials*, St. Paul, Minn., 1984; S. F. D. Guest, *The Economic Analysis of Law*, in "Current Legal Problems", 1984, pp. 233-45; R. Cooter e T. Ulen, *Law and Economics*, New York, 1987; B. Ackerman, *Diritto, economia ed il problema della cultura giuridica*, in "Rivista critica del diritto privato", 1988, pp. 449-72; R. H. Coase, *The Firm, the Market, and the Law*, Chicago-London, 1988; S. Rose-Ackerman, *Progressive Law and Economics and the New Administrative Law*, in "Yale Law Journal", 1988, pp. 342-68; N. Mercuro (org.), *Law and Economics*, Dordrecht, 1989; A. M. Polinsky, *An Introduction to Law and Economics*, Boston, 1989² (trad. it.: *Un'Introduzione all'analisi economica del diritto*, Roma, 1992²); P. Chiassoni, *Law and Economics. L'analisi economica del diritto negli Stati Uniti*, Torino, 1992; *Symposium. The Future of Law and Economics*, in "Hofstra Law Review", 1992, pp. 757-1137; R. P. Malloy e J. Evensky (orgs.), *Adam Smith and the Philosophy of Law and Economics*, Dordrecht-Boston-London, 1994; R. A. Posner, *Overcoming Law*, Cambridge, Mass.-London, 1995; G. Zaccaria, *Una teoria di pragmatismo prescrittivo: sulla jurisprudence di R. Posner*, in *Questioni di interpretazione*, Padova, 1996; D. Fabbri et alii (orgs.), *L'analisi economica del diritto. Un'introduzione*, Roma, 1997; R. Cooter et alii, *Il mercato delle regole. Analisi economica del diritto*, Bologna, 2000; G. Fiorentini, *L'analisi economica del diritto: un'introduzione*, Roma, 2000; R. P. Malloy, *Law and Market Economy: Reinterpreting the Values of Law and Economics*, Cambridge, 2000; F. Parisi (org.), *The Collected Economic Essays of Richard A. Posner*, Northampton, 2000-2001; M. Abrescia, *Le ricerche gius-economiche e la frontiera del diritto costituzionale*, in "Quaderni costituzionali", 2001, pp. 635-43; S. Ross, *Taking Posner Seriously*, in "Philosophical Forum", 2001, pp. 1-23; F. Denozza, *Norme efficienti*, Milano, 2002; L. Kaplow, S. Shavell, *Economic Analysis and the Law*, in A. Auerbach e M. Feldstein, *Handbook of Public Economics*, vol. 3, Amsterdam-New York, 2002; R. Pardolesi, *I giudici e l'analisi economica del diritto privato*, Bologna, 2003, A. M. Polinsky, *An Introduction to Law and Economics*, New York, 2003; D. D. Friedman, *L'ordine del diritto: perché l'analisi economica può servire al diritto*, Il Mulino, 2004.

Sobre a **teoria feminista do direito**: K. T. Bartlett, *Feminist Legal Method*, in "Harvard Law Review", 1970, pp. 829 ss.; C. A. MacKinnon, *Feminism, Marxism, Method and the State: Towards Feminist Jurisprudence*, in "Signs", 1983, pp. 635 ss.; A. C. Scales, *The Emergence of Feminist Jurisprudence*, in "Yale Law Journal", 1986, pp. 1373 ss.; C. M.

Meadow, *Feminist Legal Theory, Critical Legal Studies and Legal Education, or "The Fem-Crits Go to Law School"*, in "Journal of Legal Education", 1988, pp. 61 ss.; R. West, *Jurisprudence and Gender*, in "University of Chicago Law Review", 1988, pp. 1 ss.; D. B. Rhode, *Justice and Gender*, Cambridge, Mass., 1989; C. Smart, *Feminism and the Power of Law*, London, 1989; A. Harris, *Race and Essentialism in Feminist Legal Theory*, in "Stanford Law Review", 1990, pp. 581-616; M. Minow, *Making All the Difference: Inclusion, Exclusion and American Law*, Ithaca, 1990; F. Olsen, *Feminism and Critical Legal Theory: An American Perspective*, in "The International Journal of Sociology of Law", 1990, pp. 199-215; D. L. Rhode, *Feminist Critical Theories*, in "Stanford Law Review", 1990, pp. 617 ss.; D. Cornell, *Beyond Accomodation: Ethical Feminism, Deconstruction and the Law*, New York, 1991; *Feminist Legal Literature. A Selected Annotated Bibliography*, F. C. De Coste et alii (orgs.), New York, 1991; E. Wolgast, *La grammatica della giustizia*, Roma, 1991; M. J. Frug, *Postmodern Legal Feminism*, New York, 1992; D. Patterson, *Postmodernism / Feminism / Law*, in "Cornell Law Review", 1992, pp. 277-78; *Diritto sessuato?*, número monográfico de "Democrazia e diritto", 1993; K. Weisberg (org.), *Feminist Legal Theory: Foundations*, Philadelphia, 1993; S. Benhabib, *Feminism and the Question of Postmodernism*, London, 1994; F. Olsen (org.), *Feminist Legal Theory*, Aldershot, 1995, 2 vols.; C. Smart, *Law, Crime and Sexuality. Essays in Feminism*, London, 1995; M. Thornton (org.), *Public and Private: Feminist Legal Debates*, Melbourne-New York, 1995; *Femminismo: diritti e identità*, número monográfico de "Ragion pratica" orgs. L. Gianformaggio e M. Ripoli, 1997; C. McGlynn, *Legal Feminisms: Theory and Practice*, Dartmouth, 1998; S. Moller Okin, *Feminism and Multiculturalism: Some Tensions*, in "Ethics", 1998, pp. 661-84; T. Pitch, *Un diritto per due. La costruzione giuridica di genere, sesso e sessualità*, Milano, 1998; J. Cohen, M. Howard e M. C. Nussbaum (orgs.), *Is Multiculturalism Bad for Women?*, Princeton, 1999; S. Moller Okin, *Le donne e la giustizia. La famiglia come problema politico*, G. Palombella (org.), Bari, 1999; M. C. Nussbaum, *Sex and Social Justice*, New York, 1999; B. A. Ackerly, *Political Theory and Feminist Social Criticism*, Cambridge-New York, 2000; D. Bubeck, *Feminism in Political Philosophy: Women's Difference*, in M. Fricker e J. Hornsby (orgs.), *The Cambridge Companion to Feminism in Philosophy*, Cambridge, 2000, pp. 185-204; M. R. Marella, *"Break on trought to the other side": appunti sull'influenza di Marx nel femminismo giuridico*, in "Rivista critica di diritto privato", 2000, pp. 741-66; J. Squires, *Gender in Political Theory*, Cambridge, 2000; E. Zakin, *Bridging the Social and the Symbolic: Toward a Feminist Politics of Sexual Difference*, in

"Hypatia", 2000, pp. 19-44; A. Sachar, *Multicultural Jurisdiction. Cultural Differences and Women's Rights*, Cambridge, 2001; A. Cavarero e F. Restaino, *Le filosofie femministe*, Milano, 2002; C. Mancina, *Oltre il femminismo: le donne nella società pluralista*, Bologna, 2002; M. C. Nussbaum, *Giustizia sociale e dignità umana. Da individui a persone*, trad. por C. Saraceno, Bologna, 2002; R. Lister (org.), *Citizenship: Feminist Perspectives*, Washington, 2003; VV.AA., *Diritti delle donne tra particolarismo e universalismo*, número monográfico de "Ragion pratica", dezembro 2004; L. McWhorter, *Sex, Race, and Biopower: A Foucaultian Genealogy*, in "Hypatia", 2004, pp. 38-62; T. Pich, *I diritti fondamentali: differenze culturali, disuguaglianze sociali, differenza sessuale*, Torino, 2004; A. Verza, *Il dominio pornografico: femminismo giuridico radicale e nuovi paradigmi*, Bologna, 2004.

Sobre a **teoria da diferença racial**: T. Sowell, *Black Education: Myths and Tragedies*, New York, 1972; R. A. Wasserstrom, *Racism, Sexism, and Preferential Treatment: An Approach to the Topics*, in "Ucla Law Review", 1977, pp. 581 ss.; A. D. Freeman, *Legitimizing Racial Discrimination through Antidiscrimination Law: A Critical Review of Supreme Court Doctrine*, in "Minnesota Law Review", 1978, pp. 1049 ss.; R. Delgado, *The Imperial Scholar: Reflections on a Review of Civil Rights Literature*, in "University of Pennsylvania Law Review", 1984, pp. 561-78; T. Sowell, *Civil Rights, Rethoric or Reality?*, New York, 1985; D. Bell, *And We are not Saved: The Elusive Quest for Racial Justice*, New York, 1987; R. Delgado, *The Ethereal Scholar: Does Critical Legal Studies Have What Minorities Want?*, in "Harvard Civil Rights and Civil Liberties Review", 1987, pp. 301 ss.; S. Drake, *Black Folk: Here and There*, Los Angeles, 1987; M. G. Matsuda, *Looking to the Bottom: Critical Legal Studies and Reparations*, in "Harvard Civil Rights and Civil Liberties Review", 1987, pp. 323 ss.; K. W. Crenshaw, *Race, Reform and Retrenchment: Transformation and Legitimation in Antidiscrimination Law*, in "Harvard Law Review", 1988, pp. 1331-87; M. G. Matsuda, *Affirmative Action and Legal Knowledge: Planting Seeds in Plowed-Up Ground*, in "Harvard Women's Law Journal", 1988, pp. 1 ss.; R. L. West, *Jurisprudence and Gender*, in "University of Chicago Law Review", 1988, pp. 1-72; R. L. Kennedy, *Racial Critiques of Legal Academia*, in "Harvard Law Review", 1989, pp. 1745-819; R. D. Barnes, *Race Consciousness: The Tematic Content of Racial Distinctiveness in Critical Race Scholarship*, in "Harvard Law Review", 1990, pp. 1864-71; A. Harris, *Race and Essentialism in Feminist Legal Theory*, in "Stanford Law Review", 1990, pp. 581-616.; J. M. Culp, *Toward a Black Legal Scholarship: Race and*

Original Understanding, in "Duke Law Journal", 1991, pp. 39-105; N. Gotanda, *A Critique of "Our Constitution Is Color Blind"*, in "Stanford Law Review", 1991, pp. 1-68; A. M. Johnson, Jr., *The New Voice of Color*, in "Yale Law Journal", 1991, pp. 2007-63; P. J. Williams, *The Alchemy of Race and Rights*, Cambridge, 1991; R. Delgado, *The Imperial Scholar Revisited: How to Marginalize Outsider Writing, Ten Years Later*, in "University of Pennsylvania Law Review", 1992, pp. 1343-72; P. J. Smith, *We are not Sisters: African-American Women and the Freedom to Associate and Dissociate*, in "Tulane Law Review", 1992, pp. 1467-515.; R. S. Chang, *Toward an Asian American Legal Scholarship. Critical Race Theory, Post-Structuralism, and Narrative Space*, in "California Law Review", 1993, pp. 1243-323; D. Bell, *Affirmative Action: Another Instance of Racial Workings in the United States*, in "Journal of Negro Education", 2000, pp. 145-9; R. B. Tucker, *Affirmative Action, the Supreme Court, and Political Power in the Old Confederacy*, Lanham, 2000; R. Delgado, *Two Ways to Think About Race: Reflections on the Id, the Ego, and Other Reformist Theories of Equal Protection*, in "Georgetown Law Journal", 2001, pp. 2279-96; R. Delgado, J. Stefancic, *Critical Race Theory: An Introduction*, New York, 2001; P. Essed e D. T. Goldberg (orgs.), *Race Critical Theories: Text and Context*, Oxford, 2002; J. K. Ward e T. L. Lott (orgs.), *Philosophers on Race*, Oxford, 2002; M. Wieviorka, *Il razzismo*, Roma-Bari, 2002²; C. W. Mills, *White Supremacy*, in T. L. Lott (org.), *A Companion to Africa-American Philosophy*, Malden, 2003; T. H. Anderson (org.), *The Pursuit of Fairness: A History of Affirmative Action*, Oxford-New York, 2004; A. M. Babkina (org.), *Affirmative Action: An Annotated Bibliography*, New York, 2004; K. Thomas e G. Zanetti (orgs.), *Legge, razza e diritti. La* Critical Race Theory *negli Stati Uniti*, Reggio Emilia, 2005.

Sobre o **raciocínio jurídico**: L. Gianformaggio, *Gli argomenti di Perelman: dalla neutralità dello scienziato all'imparzialità del giudice*, Milano, 1973; A. Aarnio, *On Legal Reasoning*, Turku, 1977; A. Peczenik e J. Usitalo, *Reasoning on Legal Reasoning*, Helsinki, 1979; C. Perelman, *Logica giuridica, nuova retorica*, Milano, 1979; N. MacCormick, *Legal Reasoning and Pratical Reason*, in "Midwest Studies in Philosophy", 1982, pp. 271-86; N. MacCormick, *On Legal Decisions and Their Consequences: From Dewey to Dworkin*, in "New York University Law Review", 1983, pp. 239-58; A. Peczenik, *The Basis of Legal Justification*, Lund, 1983; B. Baum Levenbook, *Coherence in Legal Reasoning*, in "Law and Philosophy", 1984, pp. 355-74; G. Zaccaria, *Ermeneutica e giurisprudenza. Saggio sulla metodologia di Josef Esser*, Milano, 1984; G. Zaccaria, *Ermeneutica e giurispudenza. I fondamenti filosofici nella teoria di Hans Georg Gadamer*, Milano, 1984; S. Burton, *An Introduction to Law and Legal Reasoning*, Boston-Toronto, 1985; P. S. Atiyah, *A Comparative Study of Legal Reasoning, Legal Theory and Legal Institution*, Oxford, 1987; P. Comanducci e R. Guastini (orgs.), *L'analisi del ragionamento giuridico*, vol. I, Torino, 1987; K.Günther, *Der Sinn für Angemessenheit. Anwendungs diskurse in Moral und Recht*, Frankfurt am Main, 1988; B. S. Jackson, *Law, Fact and Narrative Coherence*, Liverpool, 1988; V. Villa, *La coerenza normativa e i presupposti epistemologici della giustificazione*, in *RIFD*, 1988, pp. 567-97; P. Comanducci e R. Guastini (orgs.), *L'analisi del ragionamento giuridico*, vol. II, Torino, 1989; D. A. Richards, *Robert Alexy. A Theory of Legal Argumentation: The Theory of Rational Discourse as Theory of Legal Justification*, in "Ratio Juris", 1989, pp. 304-17; M. Atienza, *Para una teoría de la argumentación jurídica*, in "Doxa", 1990, pp. 39-61; R. S. Summers, *Essays on the Nature of Law and Legal Reasoning*, Berlin, 1992; M. Atienza, *Las razones del derecho. Teorías de la argumentación jurídica*, Madrid, 1993; N. MacCormick, *Argumentation and Interpretation in Law*, in "Ratio Juris", 1993, pp. 16-29; J. Raz, *On the Autonomy of Legal Reasoning*, in "Ratio Juris", 1993, pp. 1-15; V. Frosini e F. Riccobono (orgs.), *L'ermeneutica giuridica di E. Betti*, Milano, 1994; M. Jori (org.), *Ermeneutica e filosofia analitica*, Torino, 1994; J. Raz, *The Relevance of Coherence*, in id. (org.), *Ethics in the Public Domain. Essays in the Morality of Law and Politics*, Oxford, 1994, pp. 261-309; Z. Bankowski (org.), *Informatics and the Foundations of Legal Reasoning*, Dordrecht-Boston-London, 1995; C. Stamatis, *Argumenter en droit*, Paris, 1995; S. Urbina, *Legal Reasoning and Formal Criteria of Recognition*, in "Law and Philosophy", 1996, pp. 1-63; E. T. Feteris, *Fundamentals of Legal Argumentation*, Dordrecht-Boston-London, 1999; M. Golding, *Legal Reasoning*, New York, 2001[2]; M. La Torre, *Theories of Legal Argumentation and Concepts of Law: An Approximation*, in "Ratio Juris", 2002, pp. 377-402; D. N. Walton, *Legal Argumentation and Evidence*, Pennsylvania, 2002; G. Sartor, *Legal Reasoning: A Cognitive Approach to the Law*, Berlin, 2005.

Sobre **direito e literatura**: B. N. Cardozo, *Law and Literature*, in "Yale Review", 1924-25 (ristampato in B. N. Cardozo, *Law and Literature and Others Essays and Addresses*, New York, 1931); *Law and Literature: A Symposium*, in "Rutgers Law Review", 1976, pp. 223 ss.; B. Thomas, *Cross-Examinations of Law and Literature*, New York, 1978; S. Fish, *Is There a Text in This Class? The Authority of Interpretative Communities*, Cambridge, 1980; D. R. Papke, *Law and Literature: A Comment and Bi-*

bliography of Secondary Works, in "Law Library Journal", 1980, pp. 421 ss.; O. Fiss, *Objectivity and Interpretation*, in "Standford Law Review", 1982, pp. 739-63; *Law and Literature: A Symposium*, in "Texas Law Review", 1982; S. Fish, *Working on the Chain Gang; Interpretation in Law and Literature*, in W. J. T. Mitchell (org.), *The Politics of Interpretation*, Chicago, 1983, pp. 271-86; R. Weisberg, *The Failure of the Word: The Protagonist as Lawyer in Modern Fiction*, New Haven, 1984; W. Page, *The Place of Law and Literature*, in "Vanderbilt Law Review", 1986, pp. 391-417; *Aspects of Interpretation Relationships in Law and Literature*, in "Ohio Northern University Law Review", 1987, pp. 393-426; S. Levinson e S. Mailloux, *Interpreting Law and Literature*, Evantson, 1988; W. Page, *The Ideology of Law and Literature*, in "Boston University Law Review", 1988, pp. 805-18; R. Weisberg, *The Law-Literature Enterprise*, in "Yale Journal of Law and the Humanities", 1988, pp. 1-67; R. West, *Communities, Texts, and Law: Reflections on the Law and Literature Movement*, in "Yale Journal of Law and the Humanities", 1988, pp. 138 ss.; S. Fish, *Doing what Comes Naturally: Change, Rhetoric, and the Practice of Theory in Literary and Legal Studies*, Oxford, 1990, pp. 138 ss.; *Law, Literature, and Social Change: A Symposium*, in "Vanderbilt Law Review", 1990, pp. 1663-1818; J. B. White, *Justice as Translation. An Essay in Culture and Legal Criticism*, Chicago, 1990; *Essays in Law and Literature*, in "Connecticut Law Review", 1991, pp. 669-742; B. Thomas, *Reflections on the Law and Literature Revival*, in "Critical Theory", 1991, pp. 510 ss.; R. Weisberg, *Poethics and Other Strategies of Law and Literature*, New York, 1992; M. Aristodemou, *Studies in Law and Literature: Directions and Concerns*, in "The Anglo-American Law Review", 1993, pp. 157-93; F. Cosentino, *Analisi giuridica della letteratura. L'esperienza italiana*, in "Quadrimestre. Rivista di diritto privato", 1993, pp. 622 ss.; J. Fisher, *Reading Literature/Reading Law: Is There a Literary Jurisprudence?*, in "Texas Law Review", 1993, pp. 135-60; *Law and Literature: Special Issue*, in "Australian Journal of Law and Society", 1993, pp. 1-117; *Symposium on Law, Literature, and the Humanities*, in "University of Cincinnati Law Review", 1994, pp. 1-402; I. Ward, *Law and Literature. Possibilities and Perspectives*, Cambridge, 1995; F. Cosentino, *Law and Literature: bagliori italiani*, in "Rivista critica di diritto privato", 1996, pp. 179 ss.; G. Alpa, *Law and Literature: un inventario di questioni*, in "La nuova giurisprudenza civile commentata", 1997, pp. 175 ss.; P. J. Heald, *A Guide to Law and Literature for Teachers, Students, and Researchers*, Durham, 1998; P. J. Heald, *Law and Literature as Ethical Discourse,* in *Literature and Legal Problem Solving*, Durham, 1998; *Law and Literature: A Symposium*, in "Mercer

Law Review", 1998, pp. 739-935; R. A. Posner, *Law and Literature. Revised and Enlarged Edition*, Cambridge, Mass., 1998; R. Cocks, *Lawful Literature*, in "Res Publica", 2000, pp. 321-6; C. A. Corcos, *An International Guide to Law and Literature Studies*, Buffalo, 2000²; A. Sansone, *Diritto e letteratura. Un'introduzione generale*, Milano, 2001; A. D. Weiner e L.V. Kaplan (orgs.), *On Interpretation: Studies in Culture, Law, and the Sacred*, Madison, 2002; M. Williams, *Empty Justice: One Hundred Years of Law, Literature and Philosophy*, London, 2002; P. Hanafin, A. Gearey e J. Brooker (orgs.), *Law and Literature*, Oxford, 2004; M. P. Mittica, *Prima di tutto sono racconti. Riflessioni a margine di un libro su diritto e letteratura*, in "Sociologia del diritto", 2004, pp. 183-93; F. Ost, *Raconter la loi: aux sources de l'imaginaire juridique*, Paris, 2004.

Sobre a **lógica jurídica**: Ch. Boasson, *The Use of Logic in Legal Reasoning*, Amsterdam, 1965; U. Klug, *Juristische Logik*, Berlin, 1966³; I. Tammelo, *Outlines of Modern Legal Logic*, Wiesbaden, 1969; C. E. Alchourrón, *The Intuitive Background of Normative Legal Discourse and Its Formalizations*, in "Journal of Philosophical Logic", 1972, pp. 447 ss.; J. Horovitz, *Law and Logic. A Critical Account of Legal Argument*, New York, 1972; C. E. Alchourrón e E. Bulygin, *Sobre el concepto de orden jurídico*, in "Crítica", 1976, pp. 393-408; E. Bulygin, *Sobre la regla de reconocimiento*, in *Derecho, filosofía, y lenguaje. Homenaje a Ambrosio L. Gioja*, Buenos Aires, 1976; A. G. Conte, R. Hilpinen e G. H. v. Wright (orgs.), *Deontische Logik und Semantik*, Wiesbaden, 1977; I. Pörn, *Action Theory and Social Science. Some Formal Models*, Dordrecht, 1977; M. Finkelstein, *Quantitative Methods in Law*, New York, 1978; I. Tammelo, *Modern Logic in the Service of Law*, Wien-New York, 1978; C. E. Alchourrón e E. Bulygin, *Sobre la esistencia de las normas jurídicas*, Valencia, 1979; C. Weinberger e O. Weinberger, *Logik, Semantik, Hermeneutik*, München, 1979; C. E. Alchourrón e E. Bulygin, *The Expressive Conception of Norms*, in R. Hilpinen (org.), *New Studies in Deontic Logic*, Dordrecht, 1981; C. E. Alchourrón e D. Makinson, *Hierarchies of Regulations*, in R. Hilpinen (org.), *New Studies in Deontic Logic*, Dordrecht, 1981; C. E. Alchourrón, *Normative Order and Derogation*, in A. A. Martino (org.), *Deontic Logic, Computational Linguistics, and Legal Information Systems*, Amsterdam, 1982; C. E. Alchourrón e E. Bulygin, *Definiciones y normas*, in E. Bulygin, M. D. Farrell, C. S. Nino e E. A. Rabosi (orgs.), *El lenguaje del derecho. Homenaje a Genaro R. Carrió*, Buenos Aires, 1982; E. Bulygin, *Norms, Normative Propositions, and Legal Statements*, in G. Floistad (org.), *Contemporary Philosophy. A New Survey*, The Hague-Boston-London, 1982; E. Bulygin, *Time and Validity*, in

A. A. Martino (org.), *Deontic Logic, Computational Linguistics, and Legal Information Systems*, Amsterdam, 1982; U. Kangas (org.), *Essays in Legal Theory in Honor of Kaarle Makkonen*, Vammala, 1983; G. H. v. Wright, *Norme, verità e logica*, in "Informatica e diritto", 1983, pp. 5-87; C. E. Alchourrón, *Pragmatic Foundations for a Logic of Norms*, in "Rechtstheorie", 1984, pp. 453-64; C. E. Alchourrón e E. Bulygin, *Permission and Permissive Norms*, in *Theorie der Normen. Festgabe für Ota Weinberger zum 65. Geburtstag*, Berlin, 1984; E. Bulygin, *Norms and Logic: Kelsen and Weinberger on the Ontology of Norms*, in "Law and Philosophy", 1985, pp. 145-63; O. Weinberger, *The Expressive Conception of Norms. An Impasse for Logic of Norms*, in "Law and Philosophy", 1985, pp. 165-98; M. Atienza, *Sobre la analogía en el derecho: ensayo de análisis de un razonamiento jurídico*, Madrid, 1986; E. Bulygin, *Legal Dogmatics and the Systematization of Law*, in T. Eckhoff, L. M. Friedman e J. Uusitalo (orgs.), *Vernunft und Erfahrung im Rechtsdenken der Gegenwart*, Berlin, 1986; A. A. Martino (org.), *Automated Analysis of Legal Texts: Logic, Informatics, Law*, Amsterdam, 1986; A. v. d. L. Gardner, *An Artificial Intelligence Approach to Legal Reasoning*, Cambridge, Mass., 1987; C. E. Alchourrón e E. Bulygin, *Limits of Logic and Legal Reasoning*, in A. A. Martino (org.), *Pre-proceedings of the III International Conference on "Logica, Informatica, Diritto"*, Firenze, 1989; C. E. Alchourrón e E. Bulygin, *Von Wright on Deontic Logic and the Philosophy of Law*, in P. A. Schlipp e L. E. Hahn (orgs.), *The Philosophy of Georg Henrik von Wright*, La Salle, 1989; C. E. Alchourrón e A. A. Martino, *Logica senza verità*, in P. Mariani e D. Tiscornia (orgs.), *Sistemi esperti giuridici*, Milano, 1989; R. J. Aldisert, *Logic for Lawyers: A Guide to Clear Legal Thinking*, New York, 1989; O. Weinberger, *The Logic of Norms Founded on Descriptive Language*, in "Ratio Juris", 1991, pp. 284-307; E. Bulygin, *On Norms of Competence*, in "Law and Philosophy", 1992, pp. 201-16; G. Sartor, *Artificial Intelligence in Law*, Oslo, 1992; C. E. Alchourrón, *Philosophical Foundations of Deontic Logic and the Logic of Defeasible Conditionals*, in J. J. Ch. Meyer e R. J. Wieringa (orgs.), *Deontic Logic in Computer Science. Normative System Specification*, New York, 1993; Z. Bankowski, I. White e U. Hahn (orgs.), *Informatics and the Foundations of Legal Reasoning*, Dordrecht, 1995; E. Bulygin, *Cognition and Interpretation of Law*, in L. Gianformaggio e S. L. Paulson (orgs.), *Cognition and Interpretation of Law*, Torino, 1995; T. Mazzarese, *Forme di razionalità delle decisioni giudiziali*, Torino, 1995; C. E. Alchourrón, *On Law and Logic*, in "Ratio Juris", 1996, pp. 331-48; L. Lindhal e J. Odelstad, *Grounds and Consequences in Conceptual Systems*, in S. Lindström et alii (orgs.), *Odds and Ends. Philosophical Essays Dedicated to Wlodek Rabinowicz on the Occa-*

sion of His Fiftieth Birthday, Uppsala, 1996; C. E. Alchourrón, E. Garzón Valdés et alii (orgs.), Normative Systems in Legal and Moral Theory. Festschrift for Carlos E. Alchourrón and Eugenio Bulygin, Berlin, 1997; A. G. Conte, Filosofia dell'ordinamento normativo, Torino, 1997; J. Hage, Reasoning with Rules. An Essay on Legal Reasoning and its Underlying Logic, Dordrecht, 1997; L. Lindhal, Norms, Meaning Postulates, and Legal Predicates, in E. Garzón Valdés et alii (orgs.), Festschrift for Carlos E. Alchourrón and Eugenio Bulygin, Berlin, 1997; H. Prakken, Logical Tools for Modelling Legal Argument, Dordrecht, 1997; O. Weinberger, Alternative Action Theory, Dordrecht, 1998; L. Lindhal, Intermediate Concepts as Couplings of Conceptual Structures, in P. McNamara e H. Prakken (orgs.), Norms, Logic and Information Systems, Amsterdam, 1999; O. Weinberger, Prima Facie Ought. A Logical and Methodological Enquiry, in "Ratio Juris", 1999, pp. 239-51; G. H. v. Wright, Deontic Logic: A Personal View, in "Ratio Juris", 1999, pp. 26-38; O. Weinberger, Is and Ought Reconsidered, in id., Aus intellektuellen Gewissen, Berlin, 2000; A. Artosi, Il paradosso di Chisholm. Un'indagine sulla logica del pensiero normativo, Bologna, 2001; A. Rotolo, Identità e somiglianza. Saggio sul pensiero analogico del diritto, Bologna, 2001; R. Demolombe e R. Hilpinen (orgs.), The Fifth International Workshop on Deontic Logic in Computer Science (Deon 2000), Special Issue of Fundamenta Informaticae, Amsterdam, 2001; S. Vida, Norme e condizione. Uno studio dell'implicazione normativa, Milano, 2001; H. Prakken e G. Vreskwijk, Logics for Defeasible Argumentantion, in D. Gabbay, F. Guenthner (orgs.), Handbook of Philosophical Logic, Dordrecht, 2002², vol. II, pp. 218-319; A. Rotolo, Istituzioni, poteri e obblighi: un'analisi logico-filosofica, Bologna, 2002; G. Lorini, Il valore logico delle norme, Bari, 2003; A. J. I. Jones (org.), The Sixth International Workshop on Deontic Logic in Computer Science (Deon 2002), Special Issue of Journal of Applied Logic, Amsterdam, 2004; A. Lomuscio e D. Nute (orgs.), The Seventh International Workshop on Deontic Logic in Computer Science (Deon 2004), Berlin, 2004; J. Hage, Studies in Legal Logic, Dordrecht, 2005.

Sobre a **informática jurídica**: B. G. Buchanan e T. E. Headrick, Some Speculations about Artificial Intelligence and Legal Reasoning, in "Stanford Law Review", 1970, pp. 40-62; L. E. Allen, Formalizing Hohfeldian Analysis to Clarify the Multiple Senses of "Legal Right": A Powerful Lens for the Electronic Age, in "Southern California Law Review", 1974, pp. 428-87; L. T. McCarty, Reflections on TAXMAN: An Experiment in Artificial Intelligence and Legal Reasoning, in "Harvard Law Review", 1977, pp. 837-93; C. D. Hafner, An Information Retrieval System Based on a

Computer Model of Legal Knowledge, Ann Arbor, 1981; L. E. Allen e C. S. Saxon, *Analysis of the Logical Structure of Legal Rules by a Modernized and Formalized Version of Hohfeld Fundamental Legal Conceptions*, in A. A. Martino e F. Socci (orgs.), *Automated Analysis of Legal Texts*, Amsterdam, 1986, pp. 385-450; M. J. Sergot, F. Sadri, R. A. Kowalski, F. Kriwaczek, P. Hammond e H. T. Cory, *The British Nationality Act as a Logic Program. Communications of the ACM 29*, New York, 1986, pp. 370-86; D. A. Waterman e M. A. Peterson, *Models of Legal Decisionmaking*, in P. Klahr e D. A. Waterman (orgs.), *Expert Systems. Techniques, Tools and Applications*, Reading, Mass., 1986, pp. 135-85; A. v. d. L. Gardner, *An Artificial Intelligence Approach to Legal Reasoning*, Cambridge, Mass., 1987; K. D. Ashley, *Modelling Legal Argument: Reasoning with Cases and Hypotheticals*, Cambridge, Mass., 1990; J. Bing, *Three Generations of Computerized Systems for Public Administration and Some Implications for Legal Decision Making*, in "Ratio Juris", 1990, pp. 219-36; T. J. M. Bench-Capon (orgs.), *Knowledge Base Systems and Legal Applications*, London, 1991; A. J. Jones e M. J. Sergot, *Deontic Logic in the Representation of Law: Towards a Methodology*, in "Artificial Intelligence and Law", 1992, pp. 45-64; D. Skalak e E. L. Rissland, *Arguments and Cases. An Inevitable Intertwining*, in "Artificial Intelligence and Law", 1992, pp. 3-44; D. H. Berman e C. D. Hafner, *Representing Teleological Structure in Case-Based Reasoning: The Missing Link. Proceedings of the Fourth International Conference on Artificial Intelligence and Law*, New York, 1993, pp. 50-59; C. Biagioli, P. Mercatali e G. Sartor, *Elementi di legimatica*, Padova, 1993; Z. Bankowski, I. White e U. Hahn (orgs.), *Informatics and the Foundations of Legal Reasoning*, Dordrecht, 1995; T. F. Gordon, *The Pleadings Game. An Artificial Intelligence Model of Procedural Justice*, Dordrecht, 1995; R. P. Loui e J. Norman, *Rationales and Argument moves*, in "Artificial Intelligence and Law", 1995, pp. 159-80; L. T. McCarty, *An Implementation of Eisner v. Macomber. Proceedings of the Fifth International Conference on Artificial Intelligence and Law*, New York, 1995, pp. 276-86; H. Prakken e G. Sartor, *Rules about Rules: Assessing Conflicting Arguments in Legal Reasoning*, in "Artificial Intelligence and Law", 1996, pp. 331-68; J. C. Hage, *Reasoning with Rules*, Dordrecht, 1997; H. Prakken, *Logical Tools for Modelling Legal Argument. A Study of Defeasible Reasoning in Law*, Dordrecht, 1997; A. Artosi, M. Atienza e H. Yoshino (orgs.), *From Practical Reason to Legal Computer Science*, Bologna, 1998; L. Philipps e G. Sartor (orgs.), *Neural Networks and Fuzzy Reasoning in the Law*, in "Artificial Intelligence and Law", 1999, pp. 115-322; L. K. Branting, *Reasoning with Rules and Precedents: A Computational Model of Legal Analysis*, Dordrecht, 2000; A.

A. Martino e A. Chini, *Logica, informatica, diritto: dall'informatica giuridica alle nuove tecnologie legislative*, Milano, 2000; R. Nannucci (org.), *Lineamenti di informatica giuridica.Teoria, metodi, applicazioni*, Napoli, 2002; E. Pattaro (org.), *Manuale di diritto dell'informatica e delle nuove tecnologie*, Bologna, 2002²; H. Prakken e G. Sartor, *The Role of Logic in Computational Models of Legal Argument: A Critical Survey*, in A. Kakas e F. Sadri (orgs.), *Computational Logic: From Logic Programming into the Future (In Honour of Bob Kowalski)*, Berlin, 2002, pp. 342-81; G. Pascuzzi, *Riflessione giuridica e linguaggi informatici*, in A. Mariani Marini (org.), *La lingua, la legge, la professione forense*, Milano, 2003; H. Prakken, C. Reed e D. N. Walton, *Argumentation Schemes and Generalizations in Reasoning about Evidence*, in H. Prakken (org.), *Proceedings of the Ninth International Conference on Artificial Intelligence and Law (ICAIL)*, New York, 2003.

Indicam-se, além disso, "Proceedings of the International Conference on Artificial Intelligence and Law", 1983, 1985, 1987, 1989, 1991, 1993, 1995, 1997, 1999, 2001, 2003, 2005.

Sobre a **bioética**: J. Feinberg, *The Rights of Animals and Unborn Generations*, in W. T. Blackstone (org.), *Philosophy and Environmental Crisis*, Athens, 1974; S. Castignone (org.), *I diritti degli animali: prospettive bioetiche e biogiuridiche*, Bologna, 1985; Th. Nagel, *Questioni mortali*, Milano, 1986; S. Castignone e L. Battaglia (orgs.), *I diritti degli animali*, Genova, 1987; L. Lombardi Vallauri, *L'uomo non contemplato. Diritto, etica, bioetica*, in "Il Mulino", 1987, pp. 601-14; T. Regan e P. Singer (orgs.), *Diritti animali, obblighi umani*, Torino, 1987; M. Mori (org.), *Questioni di bioetica*, Roma, 1988; J. Feinberg, *Overlooking the Merits of the Individual Case: An Approach to the Right to Die*, in "Ratio Juris", 1991, pp. 131-51; M. Mori (org.), *La bioetica. Questioni morali e politiche per il futuro dell'uomo*, Milano, 1991; E. Baccarini, T. Cancrini e M. Perniola (orgs.), *Filosofie dell'animalità: contributi ad una filosofia della condizione animale*, Milano, 1992; L. Battaglia, *"Diritti degli animali" e bioetica*, in F. Bellino (org.), *Trattato di bioetica*, Bari, 1992, pp. 455-81; A. Bompiani, *Bioetica in Italia. Lineamenti e tendenze*, Bologna, 1992; S. Maffettone, *Le ragioni degli altri*, Milano, 1992; G. Dalla Torre, *Bioetica e diritto*, Torino, 1993; S. Rodotà (org.), *Questioni di bioetica*, Roma-Bari, 1993; P. Becchi, *Medico e paziente: cooperazione o autodeterminazione nei casi di conflitto?*, in "Ragion pratica", 1994, pp. 169-79; S. Castignone e G. Lanata (orgs.), *Filosofi e animali nel mondo antico*, Pisa, 1994; F. D'Agostino, *I diritti degli animali*, in *RIFD*, 1994, pp. 78-104; R. Dworkin, *Il dominio della vita*, Milano, 1994; F. Viola, *Bioetica e politica*, in

"Ragion pratica", 1994, pp. 194-211; F. Viola, *La volontà del malato e l'etica del medico: il problema del conflitto*, in "Ragion pratica", 1994, pp. 215-26; A. Bompiani, *Bioetica dalla parte dei deboli*, Bologna, 1995; S. Castignone, *Nuovi diritti e nuovi soggetti*, Genova, 1996; L. Palazzani, *Il concetto di persona tra bioetica e diritto*, Torino, 1996; M. C. Tallacchini, *Diritto per la natura. Ecologia e filosofia del diritto*, Torino, 1996; S. Castignone, *Povere bestie. I diritti degli animali*, Venezia, 1997; E. Ripepe, *Quale fondamento per la bioetica?*, in *L'etica nella ricerca biomedica*, Roma, 1997, pp. 187-216; L. D'Avack, *Ordine giuridico e ordine tecnologico*, Torino, 1998; H. Kuhse e P. Singer (orgs.), *A Companion to Bioethics*, Oxford, 1998; P. Borsellino, *Bioetica tra autonomia e diritto*, Milano, 1999; M. La Torre, *Clonazione e posizioni morali. Brevissime considerazioni*, in C. M. Mazzoni (org.), *Etica della ricerca biologica*, Firenze, 2000, pp. 163-66; G. P. Smith, *Human Rights and Biomedicine*, The Hague, 2000; A. Bompiani, A. Loreti Beghe e L. Marini, *Bioetica e diritti dell'uomo nella prospettiva del diritto internazionale e comunitario*, Torino, 2001; S. Jasanoff, *La scienza davanti ai giudici: la regolazione giuridica della scienza in America*, Milano, 2001; A. Mannucci e M. Tallacchini (orgs.), *Per un codice degli animali: commenti sulla normativa vigente*, Milano, 2001; A. Santosuosso, *Corpo e libertà. Una storia tra diritto e scienza*, Milano, 2001; E. Baccarini, *Bioetica: analisi filosofiche liberali*, Torino, 2002; L. Battaglia, *Alle origini dell'etica ambientale*, Bari, 2002; G. Caloiro, *La bioetica nelle problematiche multiculturali: analisi e prospettive*, Milano, 2002; J. Habermas, *Il futuro della natura umana. I rischi di una genetica liberale*, Torino, 2002; E. Lecaldano (org.), *Dizionario di bioetica*, Laterza-Bari, 2002; L. Palazzani, *Introduzione alla biogiuridica*, Torino, 2002; VV.AA., *Saggi e studi sull'eutanasia*, in "Bioetica", 2003, pp. 205-78; L. Boella (org.), *Bioetica dal vivo*, numero monografico di "AutAut", Novembre-Dicembre 2003; R. Dameno, *Quali regole per la bioetica? Scelte legislative e diritti fondamentali*, Milano, 2003; R. Mordacci, *Una introduzione alle teorie morali. Confronto con la bioetica*, Milano, 2003; M. Reichlin, *L'etica e la buona morte*, Milano, 2003; A. Tarantino, *Diritti umani e questioni di bioetica naturale*, Milano, 2003; F. D'Agostino, *Parole di bioetica*, Trino, 2004; E. Lecaldano, *Bioetica. Le scelte morali*, Roma-Bari, 2004[3]; A. Santosuosso, C. A. Redi e G. Gennari (orgs.), *Science, Law and the Courts in Europe*, Como, 2004; C. Tripodina, *Il diritto nell'età della tecnica. Il caso dell'eutanasia*, Torino, 2004; M. Tallacchini e F. Terragni, *Le biotecnologie: aspetti etici, sociali e ambientali*, Milano, 2004; C. Flamigni e M. Mori, *La legge sulla procreazione medicalmente assistita. Paradigmi a confronto*, Milano, 2005; V. Franco, *Bioetica e procreazione assistita. Le politiche della vita tra libertà e respon-

sabilità, Roma, 2005; V. Pocar, *Gli animali non umani. Per una sociologia dei diritti*, Roma-Bari, 2005.
Desde 1993 tem sido publicada "Bioetica. Rivista interdisciplinare".

Sobre o **multiculturalismo**: I. M. Young, *Polity and Group Difference: A Critique of the Ideal of Universal Citizenship*, in "Ethics", 1989, pp. 250-74; M. G. Losano, *Contro la società multietnica*, in "MicroMega", 1991, pp. 7-16; A. Gutmann, *La sfida del multiculturalismo all'etica politica*, in "Teoria politica", 1993, pp. 3-40; F. Baroncelli, *Hanno le culture diritti sugli individui? Sul liberalismo olistico di Charles Taylor*, in "Ragion pratica", 1994, pp. 11-31; T. Bonazzi e M. Dunne (orgs.), *Cittadinanza e diritti nelle società multiculturali*, Bologna 1994; P. Comanducci, *Diritti umani e minoranze: un approccio analitico e neo-illuminista*, in "Ragion pratica", 1994, pp. 32-54; E. Garzón Valdés, *Diritti umani e minoranze*, in "Ragion pratica", 1994, pp. 55-77; J. De Lucas, *Multiculturalismo e tolleranza: alcuni problemi*, in "Ragion pratica", 1995, pp. 53-67; W. Kymlicka (org.), *The Rights of Minority Cultures*, Oxford, 1995; J. Tully, *Strange Multiplicity. Constitutionalism in an Age of Diversity*, Cambridge, 1995; E. Vitale, *Taylor, Habermas, Sen: multiculturalismo, stato di diritto e diseguaglianza*, in "Teoria politica", 1995, pp. 65-88; F. D'Agostino (org.), *Pluralità delle culture e universalità dei diritti*, Torino, 1996; A. Ferrara, *Il multiculturalismo come nuova frontiera del liberalismo*, in "Democrazia e diritto", 1996, pp. 39-55; K.-O. Apel, *Plurality of the Good? The Problem of Affirmative Tolerance in a Multicultural Society from an Ethical Point of View*, in "Ratio Juris", 1997, pp. 199-212; C. Kukathas, *Multiculturalism as Fairness: Will Kymlicka's Multicultural Citizenship*, in "The Journal of Political Philosophy", 1997, pp. 406-27; C. Kukathas e I. Shapiro (orgs.), *Ethnicity and Group Rights*, New York, 1997; W. Kymlicka, *Le sfide del multiculturalismo*, in "il Mulino", 1997, pp. 199-217; E. Pariotti, *Individuo, comunità, diritti tra liberalismo, comunitarismo ed ermeneutica*, Torino, 1997; B. Pastore, *Quali fondamenti per il liberalismo? Identità, diritti, comunità politica*, in "Diritto e società", 1997, pp. 403-42; M. Walzer, *The Politics of Difference: Statehood and Toleration in a Multicultural World*, in "Ratio Juris", 1997, pp. 165-76; A. Facchi e G. Zanetti (orgs.), *Cultural Pluralism and Legal Liberalism*, numero monografico di "Ratio Juris", 3, 1998; M. Milde, *Critical Notice to James Tully, Strange Multiplicity, Cambridge 1995*, in "Canadian Journal of Philosophy", 1998, pp. 119-43; U. K. Preuss, *Die Belagerung des liberalen Verfassungstaates durch die multikulturelle Gesellschaft*, in "Leviathan", 1998, pp. 60-76; J. Raz, *Multiculturalism*, in "Ratio Juris", 1998, pp. 193-205; G. Zanetti, *Amicizia, felicità, diritto. Due argomenti* *sul perfezionismo giuridico*, Milano, 1998; G. Zanetti, *Aspetti problematici della nozione di "opzioni incompatibili" nel multiculturalismo liberale di Joseph Raz*, in G. Bongiovanni (org.), *La filosofia del diritto costituzionale e i problemi del liberalismo contemporaneo*, Bologna, 1998, pp. 105-20; L. Baccelli, *Il particolarismo dei diritti. Poteri degli individui e paradossi dell'universalismo*, Roma, 1999; J. Cohen, M. Howard e M. C. Nussbaum (orgs.), *Is Multiculturalism Bad for Women?*, Princeton, 1999; A. E. Galeotti, *Multiculturalismo. Filosofia politica e conflitto identitario*, Napoli, 1999; W. Kymlicka, *Cittadinanza multiculturale*, Bologna, 1999; F. Belvisi, *Società multiculturale, diritti, costituzione*, Bologna, 2000; S. Benhabib, *Kulturelle Vielfalt und demokratische Gleichheit*, Frankfurt am Main, 2000[2]; G. Dalla Torre, *La multiculturalità come dato di fatto e come programma etico-politico*, in G. Dalla Torre e F. D'Agostino (orgs.), *La cittadinanza. Problemi e dinamiche in una società pluralistica*, Torino, 2000, pp. 5-13; W. Kymlicka e W. Norman (orgs.), *Citizenship in Diverse Societies*, Oxford U. P., Oxford 2000; B. Parekh, *Rethinking Multiculturalism. Cultural Diversity and Political Theory*, Cambridge, 2000; L. Mancini, *Società multiculturale e diritto. Dinamiche sociali e riconoscimento giuridico*, Bologna, 2000; G. Sartori, *Pluralismo, multiculturalismo e estranei*, Milano, 2000[3]; I. Shapiro e W. Kymilicka (orgs.), *Ethnicity and Group Rights*, New York, 2000; E. Vitale, *Liberalismo e multiculturalismo. Una sfida per il pensiero democratico*, Roma-Bari, 2000; E. Vitale (org.), *Diritti umani e diritti delle minoranze. Problemi etici, politici, giuridici*, Torino, 2000; G. L. Brena (org.), *Etica pubblica e pluralismo*, Padova, 2001; A. Facchi, *I diritti nell'Europa multiculturale*, Roma-Bari, 2001; V. Cesareo, *Società multietniche e multiculturalismi*, Milano, 2001; E. Pariotti, *Multiculturalismo, globalizzazione e universalità dei diritti umani*, in "Ragion pratica", 2001, pp. 63-85; A. Shachar, *Multicultural Jurisdiction*, Cambridge, 2001; B. Barry, *Culture and Equality: An Egalitarian Critique of Multiculturalism*, Cambridge, 2002; S. Benhabib, *The Claims of Culture. Equality and Diversity in the Global Era*, Princeton, 2002; P. Gamberini, S. Martelli, B. Pastore et alii., *Multiculturalismo dialogico?*, Padova, 2002; J. Habermas, *L'inclusione dell'altro*, Milano, 2002[2]; C. Vigna e S. Zamagni (orgs.), *Multiculturalismo e identità*, Milano, 2002; M. Wieviorka, *La differenza culturale.Una prospettiva sociologica*, Roma-Bari, 2002; A. Facchi e G. Zanetti, *L'argomento dell' "infelicità" e l'escissione*, in G. Zanetti (org.), *Elementi di etica pratica*, Roma, 2003, pp. 13-39; L. Mancini e F. Belvisi, *L'argomento dello "straniero morale" e il matrimonio islamico*, in *Elementi di etica pratica*, cit., pp. 47-70; W. Kymlicka e M. Opalski (orgs.), *Il pluralismo liberale può essere esportato? Teoria politica occidentale e relazioni etniche nell'Europa dell'Est*, Bologna, 2003; B. Haddock e P. Sutch (orgs.), *Multiculturalism, Identity and Rights*, London, 2003; M. R. Matisons, *Feminism and Multiculturalism: The Dialogue Continues*, in "Social Theory and Practice", 2003, pp. 655-664; B. Pastore, *Identità comunitarie e integrazione interculturale*, in id., *Per un'ermeneutica dei diritti umani*, Torino, 2003, pp. 51-95; M. Walzer, *Sulla tolleranza*, Roma-Bari, 2003²; S. Benhabib, *La rivendicazione dell'identità culturale. Eguaglianza e diversità nell'era globale*, Bologna, 2005.

ÍNDICE ONOMÁSTICO

Aarnio, Aulis, 44-8, 99.
Abrescia, Michele, 97.
Alchourrón, Carlos, 57-60, 70, 102-3.
Alexy, Robert, 11-2, 14-8, 90-2, 44-5, 51, 89.
Allen, Layman E., 102.
Apel, Karl-Otto, 92.
Åquist, Lennart Ernst, 103.
Aristotele, 6.
Ashley, Kevin D., 105.
Atienza, Manuel, 102.
Austin, John Langshaw, 65.

Bagolini, Luigi, 28, 95.
Bankowski, Zenon, 100.
Baraldi, Claudio, 93.
Barberis, Mauro, 85, 90.
Barcellona, Pietro, 89.
Barreto, Tobias, 72.
Bell, Derrick, 40, 99.
Benhabib, Seyla, 93.
Bentham, Jeremy, 35.
Berkeley, George, 107.
Betti, Emilio, 56.
Beyleveld, Deryck, 95.
Bobbio, Norberto, 2, 7-9, 65, 72, 87, 90, 106.

Bohman, James, 93.
Bonacchi, Gabriella, 98.
Bongiovanni, Giorgio, 90.
Branting, K., 105.
Brownsword, Roger, 95.
Bubner, Rudiger, 6.
Bulygin, Eugenio, 57-8, 70, 103.
Bussana, Roberto, 105.

Calabresi, Guido, 35, 97.
Capograssi, Giuseppe, 88.
Carcaterra, Gaetano, 65, 104.
Cardozo, Benjamin, 100.
Carrió, Genaro, 58.
Casalini, Brunella, 92.
Castignone, Silvana, 29, 77, 95, 101.
Catania, Alfonso, 87.
Cattaneo, Mario A., 100.
Cavalla, Francesco, 89.
Coase, Ronald 35, 97.
Coccopalmerio, Domenico, 89.
Cohen, Joshua, 93.
Cohen, Marshall, 91.
Coleman, Jules L., 91.
Comanducci, Paolo, 99.

Conte, Amedeo Giovanni, 65, 104.
Conte Rosaria, 105.
Cooter, Robert D., 97.
Corradini Broussard, Domenico, 89.
Corsi, Giancarlo, 93.
Cosentino, Fabrizio, 100.
Cossio, Carlos, 57.
Cotta, Sergio, 76, 88.

D'Agostino, Francesco, 76-7, 88, 106.
Dalton, Clare, 96.
D'Amato, Antonio, 100.
Delgado, Richard, 40, 99.
Derrida, Jacques, 32.
Devall, Bill, 107.
Devlin, Patrick, 21-3, 79, 94.
Dickens, Charles, 100.
Dreier, Ralph, 11-2, 90.
Dworkin, Ronald, 3-5, 12-4, 18, 44, 55-6, 86, 90-1, 101.

Elster, Jon, 93.
Engelhardt, Hugo T., 106.
Esposito, Elena, 93.
Esser, Josef, 56.

Falcone, Rino, 105.
Faralli, Carla, 95, 98.
Fassò, Guido, 88.
Febbrajo, Alberto, 96.
Fehr, Hans, 100.
Ferrajoli, Luigi, 20-1, 90, 93-4.
Ferrara, Alessandro, 92.
Finnis, John M., 3, 22-5, 95.
Fish, Stanley, 55, 101.
Fiss, Owen M., 55, 101.
Flamigni, Carlo, 106.

Foucault, Michel, 89.
Frosini, Vittorio, 72, 94, 105.
Fuller, Lon, 21, 23, 94.

Gadamer, Hans Georg, 56.
García Figueroa, Alfonso, 90.
Gardenfors, Peter, 103.
Garzón Valdés, Ernesto, 103.
Gavazzi, Giacomo, 87.
Gentile, Francesco, 89.
George, Robert P., 91.
Gerber, Karl F. von, 72.
Geuna, Marco, 92.
Gianformaggio, Letizia, 93, 97-8.
Gilligan, Carol, 39, 98.
Gioja, Ambrosio L., 57.
Giuliani, Alessandro, 66, 104.
Gordon, Robert W., 32-4, 96.
Gordon, Thomas F., 105.
Grisez, Germain, 23, 94.
Groppi, Angela, 98.
Guastini, Riccardo, 29, 56, 93, 95-6, 99.

Habermas, Jürgen, 14-6, 18, 47, 92-3, 107.
Hage, Jaap C., 105.
Hägerström, Axel, 29, 64.
Hamlin, Alan, 93.
Hargrove, Eugene C., 78, 107.
Harris, James W., 85.
Hart, Herbert L. A., 1, 3, 5, 21-3, 28, 56, 79, 81, 87, 90, 94, 101.
Hauriou, Maurice, 27.
Herget, James E., 85.
Hilpinen, Risto, 102.
Höffe, Otried, 6.
Hohfeld, Wesley N., 61, 72.
Horwitz, Morton, J., 32.
Hume, David, 9, 19, 23, 29.
Husserl, Edmund, 65.

ÍNDICE ONOMÁSTICO

Ilting, Karl Heinz, 6.

Jackson, Bernard S., 101.
Jhering, Rudolph von, 72.
Jonas, Hans, 106.
Jori, Mario, 55, 90, 98, 101.
Jung, Carl Gustav, 89.

Kafka, Franz, 100.
Kanger, Stig Gustav, 61, 103.
Kant, Immanuel, 6.
Kelsen, Hans, 7, 28, 57, 64, 72, 87, 89.
Kelso, Louis O., 105.
Kennedy, Duncan, 32, 34, 97.
Kowalski, Robert, 71.
Kymlicka, Will, 108.

Leopold, Aldo, 107.
Levinson, Sanford, 55, 101.
Lindahl, Lars, 61-2, 103.
Loevinger, Lee, 104.
Lombardi Vallauri, Luigi, 78, 107.
Losano, Mario G., 72-3, 85, 89, 105-6.
Lovelock, James, 107.
Luhmann, Niklas, 18, 89, 93.
Lundstedt, Vilhelm, 29.

MacCormick, Neil, 2-3, 27-8, 30-1, 44, 51-2, 56, 86, 96, 99-100.
MacIntyre, Alasdair, 22.
MacKinnon, Catharine A., 39, 98.
Makinson, David, 102-3.
Martino, Antonio Anselmo, 102.
Massarenti, Armando, 106.
McCoubrey, Hilaire, 85.
McNamara, Paul, 103.

Melville, Herman, 100.
Mercadante, Fracesco, 89.
Meyer, John-Jules Ch., 103.
Michelman, Frank I., 91.
Mill, John Stuart, 21, 35.
Minda, Gary, 38, 41, 85, 98-100.
Minow, Martha, 98.
Montanari, Bruno, 88.
Mori, Maurizio, 74, 106.
Mueller, Dennis C., 97.

Nagel, Thomas, 91.
Neurath, Otto, 89.
Nietzsche, Friedrich Wilhelm, 89.
Nino, Carlos Santiago, 18-9.
Nozick, Robert, 91.

Olivecrona, Karl, 29, 95-6.
Olsen, Francis, 98.
Opocher, Enrico, 88.
Orestano, Riccardo, 66.

Palombella, Gianluigi, 91.
Passmore, John, 77, 107.
Pattaro, Enrico, 29, 89, 96.
Peczenik, Aleksander, 44, 49-50, 99.
Perelman, Chaïm, 43, 53.
Petroni, Angelo, 106.
Pettit, Philip, 92-3.
Philipps, R. Lothar, 105.
Pintore, Anna, 90, 101.
Posner, Richard, 35-7, 97.
Potter, Van Rensselaer, 74.
Pound, Roscoe, 35.
Prakken, Henry, 103, 105.

Radbruch, Gustav, 21.
Rawls, John, 5-6, 86-7, 91.
Raz, Joseph, 2, 81-3, 107-8.

Reale, Miguel, 89.
Regan, Tom, 77.
Rehg, William, 93.
Reich, Warren T., 106.
Riedel, Manfred, 6.
Rigamonti, Gianlazzaro, 86-7
Ripepe, Eugenio, 89.
Ripoli, Mariangela, 95.
Ritter, Joachim, 6.
Robilant, Enrico di, 87.
Romano, Bruno, 88.
Romano, Santi, 27.
Rosati, Massimo, 92.
Ross, Alf, 29-30, 56, 65, 87, 96.
Russland, Edwina, 105.

Sandel, Michael J., 22.
Sansone, Arianna, 100.
Sartor, Giovanni, 105.
Saxon, Charles S., 102.
Scales, Ann, 98.
Scarpelli, Uberto, 7-10, 20, 55, 75, 90, 93, 97, 106.
Searle, John, 28, 65.
Sebok, Anthony J., 91.
Sergot, Marek, 71, 105.
Session, George, 107.
Singer, Peter, 77, 107.
Smart, Carol, 38, 98.
Socci, Fiorenza, 102.
Soeteman, Arend, 61-3, 103.
Soper, Philip, 91.
Stang Dahl, Tove, 40, 99.
Stefancic, Jean, 99.
Sunstein, Cass R., 91.

Tarello, Giovanni, 28, 55-6, 95, 101.
Taylor, Charles, 80-1, 107.

Taylor, Paul W., 78, 107.
Todescan, Franco, 89.
Tomás de Aquino, Santo, 23.
Toulmin, Stephen E, 43.
Treves, Renato, 89.
Tronto Joan, 98.
Tushnet, Mark V., 32, 96.

Unger, Roberto Mangabeira, 32, 34, 96.

Valdés, Ernesto Garzón, 103.
Vernengo, Roberto, 58.
Viehweg, Theodor, 43.
Viola, Francesco, 56, 101-2.

Waluchov, Wilfreid J., 91.
Walzer, Michael, 22.
Weinberger, Ota, 2-3, 27-8, 30-1, 61, 63-4, 86, 96, 103.
Weisberg, Richard, 100.
Weyr, Franz, 28.
White, James Boyd, 100.
White, Nigel D., 85.
Wieringa, Roel J., 103.
Wigmore, John, 100.
Williams, Patricia, 40, 99.
Wittgenstein, Ludwig, 47-8, 65.
Wright, Georg Henrik von, 61, 64-5, 104.
Wróblewski, Jerzy, 44, 52-4, 99.

Young, Iris Marion, 97.

Zaccaria, Giuseppe, 56, 101-2.
Zanetti, Gianfrancesco, 85.
Zolo, Danilo, 89.